Questo volume è stato promosso
dall'Associazione Amici del Porto di Venezia
con il determinante sostegno
dell'Autorità Portuale
e della Camera di Commercio, Industria,
Artigianato e Agricoltura di Venezia

© 1997 BY CARLO TONOLO, VENEZIA

ISBN 88-317-6831-X

In copertina: *Venezia forma urbis*. Il fotopiano
a colori del centro storico in scala 1:500,
Comune di Venezia-Marsilio Editori, 1985,
particolare dell'elemento n. 125.
Veduta della «Dogana Da Mar» e chiesa della Salute
On the cover: Venezia forma urbis. *Colour photomap
of the historic city, scale 1:500, Comune di Venezia-
Marsilio Editori, 1985, detail of section No. 125.
View of «Dogana Da Mar» (Sea Custom House)
and chiesa della Salute*

Il porto di Venezia 1997

a cura di Mario Vorano

Marsilio

Indice
Index

Un cenno riassuntivo della storia del porto di Venezia	19	*A summary of the history of the port of Venice*
Caratteristiche generali	43	*General Characteristics*
Posizione geografica	43	*Geographical position*
Caratteristiche meteorologiche	43	*Climate*
Correnti e maree	43	*Currents and tides*
Rada	44	*Harbour*
Zona di attesa per le navi	44	*Waiting areas*
Accessi al porto	45	*Port approaches*
I canali interni e le aree portuali	49	*Internal canals and port areas*
Retroterra	50	*Hinterland*
Avanmare	50	*Sea location*
I collegamenti con l'entroterra	53	*Links with the Hinterland*
La rete stradale	53	*Road system*
La rete ferroviaria	55	*Railway*
Il sistema idroviario padano veneto	57	*Padano veneto inland waterway system*
Gli oleodotti	59	*Pipelines*
I collegamenti aerei	60	*Air links*
Il corridoio adriatico	61	*The adriatic corridor*
Il traffico	63	*Traffic*
Il movimento navi	63	*Movement of ships*
Il movimento merci	63	*Movement of goods*
Il movimento passeggeri	73	*Passenger movement*
Qualche confronto tra Venezia e l'Italia	75	*A comparison between Venice and Italy*
Le funzioni e i settori portuali	77	*Port sectors and functions*
La funzione e il settore commerciale	77	*Function of commercial sector*
La funzione e il settore industriale	80	*The function of the industrial sector*
La sicurezza delle funzioni portuali	82	*Safety of the port functions*
L'organizzazione del porto	85	*Port organisation*
Pubblica amministrazione	86	*Public administration*
Le imprese portuali	88	*Terminals and port firms*
Servizi portuali	92	*Port services*
Utenza portuale	95	*Port users*
Caratteristiche tecniche degli accosti	97	*Technical characteristics of the moorings*
Indirizzi utili	129	*Useful addresses*
ATTIVITÀ DI SERVIZIO	131	GENERAL SERVICES
Attività portuali	131	*Port Activities*
Uffici finanziari	132	*Revenue Offices*
Attività di Polizia e Vigilanza	132	*Police and Security Activities*
Sanità	134	*Health Offices*
Trasporti e Comunicazioni	135	*Transport and Communications*

Altri servizi dello Stato	136	*Other State Services*
Altri servizi degli enti locali	137	*Other Local Services*
Altre Istituzioni	137	*Other Institution*
ATTIVITÀ IMPRENDITORIALI DI SERVIZIO ALLA NAVE	137	SERVICES TO SHIP
Agenzie marittime	137	*Shipping Agents*
Armatori	139	*Ship Owners*
Assicurazioni, commissari d'avaria	139	*Insurance Companies, Average Adjuster Agents*
Bacini di carenaggio	140	*Dry Docks*
Bunker trasporti e fornitura	141	*Bunker Barging and Supply*
Cantieri navali	141	*Shipyards*
Disinfezione, disinfestazione, derattizzazione	141	*Disinfection, Fumigation, and De-ratting*
Ingegneri e periti navali	141	*Naval Engineers, Ship Superintendents*
Manutenzioni, riparazioni, demolizioni	141	*Maintenance, Repair and Demolition*
Marine bulk surveyor	142	*Marine Bulk Surveyors*
Officine elettromeccaniche	142	*Electro mechanical Workshops*
Periti gas free	142	*Gas free Surveyors*
Provveditorie marittime	143	*Ship Chandlers*
Registri di classificazione	143	*Classification registers*
Ricarica estintori, impianti antincendio	143	*Fire-Extinguisher Re-charge and Anti-Fire System*
Riparazioni radar, riparazioni e compensazione bussole	143	*Radar Repair, Compass Repair and Adjustement*
Ritiro immondizie	144	*Waste disposal*
ATTIVITÀ IMPRENDITORIALI DI SERVIZIO ALLE MERCI	144	SERVICES TO CARGO
Imprese portuali e terminalisti	144	*Port and Terminal Firms*
Spedizionieri, case di Spedizione	144	*Forwarding Agents*
Autotrasportatori	150	*Haulage Contractors*
Corrieri espressi	152	*Express Couriers*
Depositi e magazzini generali	152	*General Warehouses and Stores*
Fardaggi e rizzature	152	*Dunnage and Lashing*
Servizi portuali	152	*Port Services*
Stuffing	154	*Stuffing*
Trasporti eccezionali	154	*Special Loads*
Trasporti fluviali e lagunari	154	*Inland Navigation*
Trasporti Container	156	*Container Transport*
INDUSTRIE PORTUALI	156	PORT INDUSTRIES
ALTRE ATTIVITÀ IMPRENDITORIALI DI SERVIZIO AL PORTO	160	OTHER SERVICES TO PORT
Agenzie di viaggio	160	*Travel Agencies*
Alberghi	162	*Hotels*
Autonoleggi	180	*Car Hire*
Lavanderie	180	*Laundries*
Banche	180	*Banks*
Taxi	182	*Taxis*
Traduttori	183	*Translators*
Vigilanza privata	183	*Security Guards*
ASSOCIAZIONI IMPRENDITORIALI E SINDACALI	184	BUSINESS AND TRADE ASSOCIATIONS
Associazioni di imprenditori	184	*Business Associations*
Sindacati di lavoratori	185	*Trade Unions*
CHIESE E LUOGHI DI CULTO	186	CHURCHES AND RELIGIOUS PLACES
Chiese cattoliche	186	*Catholic Churches*
Chiese di altri culti	187	*Other Denominations*
CONSOLATI	188	CONSULATES

Ho accolto ben volentieri l'invito di presentare questa pubblicazione, che vede la luce in un momento di rilancio dell'attività marittima nazionale e del porto di Venezia, uno dei principali protagonisti di questo sviluppo.

Nell'ultimo decennio nel settore portuale, con le riforme introdotte e sotto l'impulso dell'Unione Europea, è stato avviato un processo di innovazione di vasta portata che ha invertito la tendenza al declino dei grandi porti nazionali, reinserendoli nei circuiti internazionali, come è dimostrato dall'aumento significativo del traffico di container che ha visto uno sviluppo del 300% (da 1,7 milioni di TEU movimentati nel 1985 si è passati a 1,9 milioni nel 1990, balzati a 3 milioni nel 1995 e la previsione è di raddoppiare nel 2000).

A livello mondiale è in atto un'imponente dislocazione delle attività produttive, senza precedenti nella storia, che sposta attività manifatturiere in modo crescente verso aree del mondo a basso costo di mano d'opera. Tutti i paesi europei hanno perso quote di attività manifatturiera e acquisito un ruolo crescente nel settore della logistica dei trasporti. In Italia questo è avvenuto in ritardo e in maniera ridotta nonostante la sua posizione strategica, specialmente dopo la riapertura del Canale di Suez, che avrebbe invece potuto consentirle fin da allora di giocare un ruolo fondamentale nel sistema di trasporto marittimo della merce, tenuto conto che la maggior parte dei traffici avviene proprio per mare.

Con i provvedimenti adottati anche di recente, quali il riordino del lavoro portuale e l'eliminazione degli oneri fiscali per le merci trasbordate, il cosiddetto transhipment, si aprono ora concrete possibilità di intercettare queste correnti di traffico che, attraverso il Mediterraneo, vanno da Oriente a Occidente.

Si tratta di completare il quadro di riferimento introducendo tutti quegli elementi di innovazione tecnologica e di ammodernamento delle strutture che favoriscano l'ulteriore sviluppo delle attività connesse al trasporto marittimo. In questo contesto, oltre che l'adozione di specifici provvedimenti finalizzati sia al riordino della flotta pubblica che a quello di porre le

I very willingly accepted the invitation to introduce this publication, produced in a period of re-launching of national maritime activity and the port of Venice which is one of the principal protagonists of this development.

In the port sector during the last 10 years, with the reforms introduced and under the impulse of the European Union, a vast-ranging process of innovation has been set in motion which has inverted the tendency of decline of the great national ports, re-inserting them in the international circuits, as demonstrated by the significant increase in container traffic which has seen a development of 300 per cent (from 1.7 million TEU movements in 1985 to 1.9 million in 1990, with a leap forward to 3 million in 1995 and the forecast is to double this by 2000).

At a world-wide level there is an impressive dislocation of productive activities in progress, absolutely without precedent in history, which is moving manufacturing activities ever more frequently towards areas of the world where labour costs are cheap. All European countries have lost quotas of production and have acquired a growing role in the sector of transport logistics. This has happened late in Italy, and to a lesser degree, in spite of its strategic position, especially after the re-opening of the Suez Canal, which – conversely – should have allowed it right from then to play a fundamental part in the system of maritime transport of goods, keeping in mind that the greater part of the traffic is by sea.

With the measures taken recently, such as the re-organisation of port work and the elimination of fiscal duties for transboarded goods, the so-called transhipment, concrete possibilities are now opening up to intercept these currents of traffic which go from East to West across the Mediterranean.

It is still necessary to complete the reference framework, introducing all those elements of technological innovation and modernisation of the structures which can favour further development of the activities connected with maritime transport. In this context, apart from the adoption of specific provisions aimed at the re-organisation of the public fleet and the putting

navi italiane in una situazione di parità con quelle straniere soprattutto per quanto riguarda i costi di gestione, particolare rilievo assumono tutte le azioni rivolte a cercare di realizzare un sistema multimodale attraverso il completamento delle reti infrastrutturali, il riequilibrio della domanda tra le diverse modalità e l'intermodalità delle merci mediante lo sviluppo del combinato.

È in tale direzione che si orientano le linee di fondo della politica italiana dei trasporti necessariamente protesa verso l'orizzonte europeo di cui Venezia costituisce uno dei punti di riferimento più importanti, per storia e vocazione plurisecolare.

Il progetto di utilizzazione dell'Adriatico, come una sorta di «autostrada del mare» che dovrebbe convogliare il traffico dai paesi del Mediterraneo verso i porti adriatici e proseguire poi via terra verso il centro Europa ha in effetti in Venezia la sua espressione più concreta poiché legata a una economia, quella del nord-est, tra le più vitali del paese.

È per questo che ho sempre guardato con grande interesse ed estremo ottimismo a Venezia e alla sua storia marittima, oggi più che mai attualizzata dall'apertura dei mercati con l'Europa orientale.

Una «città-porto» da sempre punto di incontro tra le economie dell'est e dell'ovest d'Europa protese verso il Mediterraneo e i grandi mercati oltre gli stretti.

CLAUDIO BURLANDO
Ministro dei Trasporti e della Navigazione

of Italian ships on an equal footing with foreign ones – above all with regard to management costs – all those actions towards the realisation of a multi-modal system through the completion of the infrastructural networks, the re-balancing of the various modes and the intermodality of goods through the development of the combination are particularly important.

It is in this direction that the basic lines of Italian transport policy are oriented, necessarily directed towards a European horizon where Venice constitutes one of the most important points of reference, both for its history and centuries-long vocation.

The project to use the Adriatic as a sort of 'sea motorway' which should direct traffic from Mediterranean countries towards the Adriatic ports and then follow through by road towards central Europe has in Venice, in effect, its most concrete expression because it is tied to an economy – that of the north-east – among the most lively of the whole country.

It is for this reason that I have always observed Venice and its maritime history with great interest and optimism, more topical than ever today with the opening of markets with eastern Europe.

A 'port city' which has always been the meeting place between the economies of Eastern and Western Europe, reaching out towards the Mediterranean and the great markets across the Straits.

CLAUDIO BURLANDO
Minister of Transport and Navigation

Non c'è bisogno di sottolineare l'importanza che l'iniziativa degli Amici del Porto di Venezia riveste nel pubblicare la terza edizione della guida del loro scalo.

Essa interviene in un momento significativo di grandi trasformazioni con l'attuazione della legge sulla riforma del lavoro portuale.

Ma più in generale, è tutto il sistema del trasporto che sta vivendo una fase evolutiva, a livello europeo, tesa a ridisegnare il panorama dei prossimi decenni, dove i porti saranno certamente destinati ad avere un ruolo ancora più strategico.

In questa prospettiva la completa integrazione del porto di Venezia col tessuto produttivo industriale del Veneto, che è sempre più orientato all'esportazione, sarà un fattore decisivo di sviluppo per tutta la Regione.

Il porto di Venezia, quindi, per rivestire quel ruolo da grande protagonista, che gli è consentito dalla sua posizione geografica, i suoi impianti, le sue infrastrutture, la sua storia, dovrà continuare a percorrere con forza la strada già intrapresa della efficacia dei servizi erogati.

Un sicuro segnale della volontà di operare nella direzione auspicata ci viene dato da questa encomiabile pubblicazione, che con la sua raccolta di notizie, dati, informazioni, rappresenta uno strumento di grande ausilio all'attività di coloro i quali, ci si augura in un numero sempre maggiore, si trovano a operare nella realtà portuale veneziana.

Possa essere questo l'auspicio per l'affermazione definitiva del porto in tutte le sue componenti.

GIANCARLO GALAN
Presidente della Regione Veneto

There is no need to underline the importance of the initiative of "Amici del Porto di Venezia" (Friends of Venice Port) in publishing the third edition of the Guide to the Port.

It comes at a significant moment of great transformation with the implementation of the law on the reform of port work. But more in general, it is the whole system of transport which is undergoing a phase of evolution at a European level, aiming at re-designing the panorama of the next few decades where the ports will most certainly be destined to play an even more strategic role.

In this prospective the complete integration of the Port of Venice with the productive industrial tissue of the Veneto region, ever more orientated towards export, will be a decisive factor in the development of the whole Region.

The Port of Venice, therefore, in order to be able to play that leading role which its geographical position, its plants, infrastructures and history gives it, will have to continue determinedly along the road of efficiency in the services it offers.

A sure signal of the will to operate in this direction comes from this laudable publication which with its collection of news, information and data represents a very helpful instrument in the activity of those – hopefully, an every-increasing number – who operate in the reality of the Port of Venice. This is my hope and wish for the definite affirmation of the Port in all its components.

GIANCARLO GALAN
President of the Veneto Region

È nel porto l'antica radice dello splendore di Venezia. È con il cambio delle rotte verso Occidente che ne inizia il declino. Nella sua portualità l'area veneziana può oggi ritrovare un fermento per il proprio sviluppo economico e sociale. Eppure i veneziani sono i primi a conoscere poco la realtà fisica e produttiva del loro scalo marittimo. Con piacere, quindi, salutiamo questa pubblicazione, per la quale ringraziamo l'Associazione Amici del Porto di Venezia e quanti hanno fattivamente prestato la loro collaborazione per portarne a termine la realizzazione. Viene a colmare un vuoto conoscitivo tra la città e il suo porto, offrendo ai cittadini ed agli amministratori pubblici importanti elementi di riflessione. Il primo sorge dal confronto tra questo volume e quello che lo ha preceduto nel 1989. In questi pochi anni la realtà portuale veneziana ha registrato una trasformazione coraggiosa ed imponente. La crisi dei traffici, l'esigenza di innovarsi, la volontà di rilancio hanno, talvolta, anticipato le stesse modificazioni legislative. Il porto di Venezia, per l'intreccio di fattori diversi, si è presentato all'avanguardia all'appuntamento con la modernizzazione e, grazie all'impegno dell'imprenditoria portuale, delle maestranze, di tutte le componenti, guarda al futuro avendo consolidato una favorevole parabola. Con velocità minore, il territorio ha adeguato la propria infrastrutturazione di collegamento dal porto verso le piccole e grandi concentrazioni produttive, nazionali ed estere, dell'ampio entroterra di riferimento. Oggi qualcosa si muove: come Provincia di Venezia abbiamo dato il nostro pieno contributo per conseguire il consenso attorno al disegno del nuovo passante autostradale est-ovest; stiamo lavorando per la definizione della nuova Romea Commerciale di collegamento nord-sud; abbiamo rilanciato il confronto sulle ipotesi di utilizzo dell'asse idroviario e delle sue rive; sollecitiamo il potenziamento della rete ferroviaria. Ci sembrano tasselli importanti per un doveroso contributo all'ulteriore rilancio del porto, ricchezza fondamentale per la vita di Venezia, del Veneto e del paese.

LUIGI BUSATTO
Presidente della Provincia di Venezia

The ancient root of Venice's splendour lies in the port, and it was with the change in routes towards the west that its decline began. However, today the Venetian area can again find ferment in its port work for both social and economic development; and yet the Venetians themselves are the first to understand only a little of the physical and productive reality of their maritime port of call. It is, therefore, with great pleasure that we welcome this publication, and our thanks go to the Association Friends of Venice Port and to all those who have actively collaborated in its production. It fills a gap in the knowledge for the city of its port, offering citizens and public administrators important elements for reflection. The first among these comes from the comparison of this volume with the previous edition in 1989. In just these few years the reality of the Venetian port has registered a profound change, both courageous and imposing, in its nature. The traffic crisis, the need to renovate, the will to relaunch have, at times, anticipated the same legislative modifications. The Port of Venice, due to the meeting of diverse factors, was in the avant-guarde with its modernisation and, thanks of the commitment of the port businessmen, the skilled labour force and all its various components looks forward to the future having consolidated its favourable upward turn. The territory has modified its infrastructure links with the port rather more slowly connecting the small and larger productive concentrations both national and international with the vast hinterland. Now things are beginning to move and, as the Province of Venice, we have given our full contribution in acquiring consensus to the plan for the new east-west motorway loop and we are working to define the new commercial Romea for the north-south link. We have relaunched the hypothesis of using the inland waterway and its banks and we are pressing for the upgrading of the rail network. These seem important pieces to us and a necessary contribution to the further relaunching of the Port, fundamental asset for the life of Venice, of the Veneto and of the country.

LUIGI BUSATTO
President of the Province of Venice

Per una città come Venezia il porto è, come dire?, un «presupposto imprescindibile», una ovvia e straordinaria «premessa». E pregiudiziale, per la civica amministrazione, è dedicare ad esso (ai suoi problemi, alla sua vitalità, alla sua funzione tanto essenziale nel contesto veneziano) la migliore attenzione e il massimo impegno.

Una menzione particolare gli è dunque stata riservata anche nel programma di governo della mia giunta, che ne ha fatto un punto qualificante del rilancio e dell'organizzazione della portualità lagunare, così come della reindustrializzazione di Porto Marghera e delle attività legate alla ricerca e alla tecnologia avanzata. Ci siamo messi al lavoro convinti che il porto di Venezia può conoscere un nuovo ciclo di sviluppo se si mettono a profitto le risorse professionali, l'esperienza, le relazioni con l'università. E se si stabiliscono rapporti stretti con le forze imprenditoriali autentiche, della piccola e media industria, dell'artigianato, della cooperazione.

Lungo queste direttrici, con tali convinzioni ci siamo mossi. Ci siamo attivati per concertare un vero e proprio patto territoriale tra istituzioni, parti sociali e imprenditori; abbiamo dato il via a Promomarghera e al Parco scientifico-tecnologico; abbiamo affrontato la questione del rilancio dell'intera area industriale, nonché quelle relative alle aree dismesse e da bonificare, del traffico petroli e dell'industria di base chimica; abbiamo reperito gli indispensabili finanziamenti.

Di recente, ad esempio, abbiamo ottenuto dall'Unione Europea i fondi «strutturali» per la bonifica dei primi 10 ettari della cosiddetta area dei 43 ettari. Per il Parco scientifico-tecnologico gli investimenti per il secondo lotto di opere toccano i 40 miliardi di lire, di cui 30 per il recupero degli edifici e la bonifica ambientale e 8 per l'acquisto di strumenti tecnologici.

Per il triennio 1997-99 sono stati chiesti all'Unione Europea altri 30 miliardi per 3 progetti: a) opere di urbanizzazione dei 10 ettari di porto Marghera; b) opere di urbanizzazione delle aree limitrofe (11 ettari) dell'ex SIRMA; c) terzo lotto dei lavori nel Parco scientifico-tecnologico. Inoltre, nulla preclude ulteriori finan-

For a town like Venice, the port is – how shall I say – a fundamental necessity, a clear and extraordinary introduction. The Municipal Administration is obliged to dedicate the very best attention and the maximum commitment to the port, its problems, its vitality and its essential function in the Venetian context.

A particular mention is, therefore, dedicated to it in my Council's programme which has made the port a qualifying point of the re-launching and organisation of the port facilities, in the same way as the re-industrialisation of Porto Marghera and the activities connected with research and advanced technology. We have worked with the conviction that Venice Port can benefit from a new cycle of development by exploiting professional resources, experience and the relationships with the University, and if close relations are formed with the authentic business forces of small and medium-sized industries, craftsmen and co-operatives.

We have moved convincedly along these main guide lines: acting to co-ordinate a true territorial pact among the institutions, social partners and businessmen; initiating Promomarghera and the Scientific-technological Park; facing up to the question of the re-launching of the whole industrial area, as well as those areas no longer used and to be reclaimed; petrol tanker traffic and the chemical-based industry and we have acquired indispensable financing.

Recently, for example, we have obtained from the European Union the 'structural' funds for the reclamation of the first 10 hectares of the so-called 43 hectare area. For the Scientific-technological Park the investments for the second lot of works reach 40 billion lire, 30 of which are for the recovery of buildings and environmental reclamation, and 8 for the purchase of technological instruments.

For the years 1997-99 another 30 billions have been requested from the European Union for 3 projects: a) urbanisation works for 10 hectares of Porto Marghera; b) urbanisation works for 11 hectares adjacent to ex-SIRMA; c) the third lot of works for the Scientific-technological Park. Besides this, nothing excludes further financing which could interest the Marittima area.

ziamenti, che potrebbero interessare l'area della Marittima.

È in atto, pertanto uno sforzo di notevoli dimensioni. D'altra parte, esso era quanto mai doveroso ed urgente a fronte di dati tangibili e incoraggianti. Il movimento commerciale del porto, infatti, è passato da 3 a oltre 7 milioni di merci movimentate all'anno; l'aeroporto sta toccando i 3 milioni di passeggeri (e per la nuova aerostazione sono stati appaltati lavori per 150 miliardi); più di 10 milioni di turisti all'anno transitano per la città; la zona industriale si sta riarticolando e vi lavorano oggi circa in 25.000.

Tutto ciò conforta e restituisce un quadro assai complesso, magmatico, magari ancora dall'incedere non perfettamente spedito, ma tuttavia dalle evidenti e positive prospettive, primi frutti di un'impresa condotta finalmente in maniera concertata e in termini fattivi.

Questo quadro necessita di risultare sempre più definito, accessibile e «agibile»: quindi di essere oggetto di informazioni aggiornate, chiare, facilmente consultabili e proficuamente utilizzabili. La presente pubblicazione su *Il porto di Venezia* – già lodata al suo primo apparire – torna oggi opportunamente in nuova edizione. È uno strumento (e non solo per gli addetti ai lavori) di luminosa efficacia e di grandi meriti. Grazie a chi se ne è fatto promotore.

MASSIMO CACCIARI
Sindaco di Venezia

Thus, an effort of remarkable dimensions is in progress. On the other hand, this was necessary and urgent when faced with tangible and encouraging data: the commercial movement of the Port, in fact, has passed from 3 to more than 7 million goods movements a year; the airport is reaching 3 million passengers (and contracts for 150 billion have been undertaken for work on the new aerostation); more than 10 million tourists a year pass through the town; the industrial area is re-organising and today employs 25,000 workers.

All this bears out and underlines a particularly complex, magmatic picture, still not perfectly executed, but – however – with evident and positive prospects, the first fruits of an undertaking finally conducted in a united manner and feasible terms.

It is necessary for this picture to become ever better defined, accessible and operative, supplied with clear, up-dated information which is easily consultable and efficiently useable. This publication on The Port of Venice *– already praised when it first appeared – returns today opportunely in a new edition. It is an instrument (not only for experts) of luminous efficiency and great merits.*

My thanks to those who have promoted it.

MASSIMO CACCIARI
Mayor of Venice

Venezia si è sviluppata con le attività marinare ed il suo scalo è rimasto a lungo il motore principale della sua economia. Oggi che altri settori – il turismo, l'università ecc. – sono cresciuti affiancandoglisi, l'assoluta prevalenza del settore portuale nell'ambito veneziano è venuta meno, ma esso continua a conservare un ruolo fondamentale.

V'è anzi la prospettiva di un suo vigoroso rilancio, soprattutto se saprà affrontare le sfide che l'evoluzione del trasporto e della logistica impongono. I risultati del traffico e la profonda riorganizzazione della struttura portuale – nella quale sono tornate ad essere protagoniste le imprese – di questi ultimi anni fanno pensare di essere sulla buona strada.

La Camera di Commercio segue quindi con particolare attenzione le attività portuali, dalle quali si attende molto per la crescita economica del territorio veneziano e più in generale del nord-est.

La nuova ed arricchita edizione della Guida del Porto costituisce un utile strumento a disposizione degli operatori, che dovrebbero essere così incoraggiati ad utilizzare lo scalo lagunare. Essa permette anche una conoscenza generale di questa struttura e ne fa capire il ruolo essenziale per la città ed il suo entroterra.

MARINO GRIMANI
Presidente della Camera di Commercio, Industria, Artigianato e Agricoltura

Venice developed thanks to its marine activities and its port was the main engine of its economy for a long time. Nowadays, when other sectors – tourism, the university, etc. – have increased, the absolute predominance of the port sector within the Venetian ambit has lessened but, even so, it continues to play a fundamental role.

In fact, there is the prospect of its vigorous re-launching; above all, if it shows itself able to face up to the challenges that the evolution of transport and logistics impose. The results of the traffic over these last few years and the radical re-organisation of the port structure – where businesses have once again become the protagonists – are hopeful signs of moving in the right direction.

Thus, the Chamber of Commerce is following the port activities with particular attention and is expecting a great deal from it in terms of economic growth of the Venetian territory and, more in general, of the north-east.

The new and enlarged edition of the Guide to the Port, giving a general outline of its structure and an explanation of its essential role for the town and its hinterland, constitutes a useful tool available to the operators who should thus be encouraged to use the lagoon port of call.

MARINO GRIMANI
President of The Chamber of Commerce

Venezia è storia, arte, cultura.
Venezia è quello che tutto il mondo conosce e ammira in virtù del lavoro fatto nei secoli sul mare. Il suo arsenale, le sue navi, i suoi commerci, il suo porto animati e sospinti da una lungimirante visione politica hanno fatto Venezia, come è e come resterà.
Dopo lunghe fasi di pesante bonaccia pare che nuova vita voglia pulsare nel porto di Venezia, che, per volontà del Comune, della Provincia e della Regione e in una con le università, si accinge a svolgere un ruolo importante per il Veneto e per i distretti orientali del paese, per l'Italia e per il sud dell'Europa.
È dunque felice il momento scelto dagli Amici del Porto per dare vita ad una rinnovata guida del porto di Venezia, ricca anche di una concisa quanto completa storia delle sue secolari vicende.
Tutta la Venezia delle attività marittime si ritrova in essa: è una guida bella e utile, che spero possa accompagnare il porto in anni di sviluppo e di prosperità.

CLAUDIO BONICIOLLI
Presidente dell'Autorità Portuale di Venezia

Venice is history, art and culture. Venice is known and admired by all the world for the work on the sea done over centuries. Its arsenal, its ships, its commerce and its port animated and urged forward by a far-sighted political vision have made Venice what it is and how it will remain.
After long phases of worrisome dead calm, it seems that new life is beginning to pulsate in the Port of Venice which, with the strength of will of the Municipality, the Province and the Region, together with the University, is about to play an important role for the Veneto and the eastern districts of the country, for Italy and the south of Europe.
It is, therefore, a happy moment chosen by the "Amici del Porto" to give life to a new edition of the Guide to the Port of Venice, enriched with a concise but nevertheless complete history of its centuries-long vicissitudes.
All aspects of maritime activity in Venice are to be found in it: it is a good and useful guide which I hope will accompany the port in years of development and prosperity.

CLAUDIO BONICIOLLI
President of the Venice Port Authority

Il porto di Venezia
The port of Venice

Oltre all'ovvio obiettivo di mettere a disposizione degli operatori economici uno strumento di lavoro che li invogli ad usare lo scalo lagunare e ne faciliti l'attività quando lo fanno, questa nuova edizione della Guida del Porto di Venezia si pone anche quello di fornire un'ampia informazione sulla sua importanza per la città cui appartiene e per il suo entroterra.

Se nessuno dubita che le attività marinare furono in passato il fattore essenziale della fortuna e dello sviluppo della Serenissima, oggi molti sono portati a sottovalutare, se addirittura non ignorano, il ruolo che riveste il porto di Venezia per l'economia cittadina e per quella del Veneto e del nord-est.

In realtà i porti marittimi sono determinanti per lo sviluppo dei territori che servono, attraverso la creazione in loco di attività e posti di lavoro in via diretta ed indotta e il sostegno delle attività dell'entroterra, alle quali garantiscono il ricevimento e la spedizione delle merci via mare.

Nell'area veneziana il porto è quindi uno dei fondamentali generatori di attività e occupazione. Ne è stato a lungo il più importante: l'unico studio sinora svolto sul peso delle attività portuali nell'economia del comune, che risale al 1970, dimostrava che esse allora incidevano, in termini di valore aggiunto e occupati, per oltre il 50%.

Non si dispone purtroppo di indagini più attuali e l'importanza del porto, almeno in termini relativi, è indubbiamente diminuita, ma è da ritenere che tuttora il suo peso nell'economia veneziana sia di assoluto rilievo.

Nell'ultima parte della guida sono raccolti gli indirizzi utili, tra i quali quelli delle attività economiche in qualche modo connesse con il porto. Anche prescindendo da quelle legate solo marginalmente allo scalo, come ad esempio le alberghiere, si tratta di parecchie centinaia di aziende quasi tutte con sede a Venezia, per una occupazione valutabile nel complesso in oltre ventimila unità, tra settore commerciale e settore industriale.

Molte delle attività portuali hanno sede nel centro storico e contribuiscono in modo determinante ad assicurarvi un mix di attività equilibrato. Negli ultimi anni il centro storico è stato

Apart from the obvious target of giving the operators a working tool which encourages them to use the lagoon port of call and facilitates the activities when they do so, this new edition of the Guide to the Port of Venice also aims at furnishing ample information on its importance for the town and hinterland.

If no-one doubts that in the past marine activities were the essential factor of the fortune and development of The Most Serene Republic, today many people under-estimate, or even are unaware of, the role which the Port of Venice plays in the town's economy as well as that of the Veneto region and the North-East as a whole.

In fact, maritime ports are essential for the development of the territories which they serve thanks to the creation on the spot of activities and employment both direct and indirect and through the support they provide to firms of the hinterland guaranteeing delivery and despatch of goods by sea.

In the Venetian area the port is, therefore, one of the fundamental generators of economic activity and employment. For a long time it was the most important: the only study on the importance of the port activities in the municipal economy carried out up to now dates back to 1970 and demonstrated that it was responsible for more than 50% in terms of value-added and employees. Unfortunately a more recent study is not available and the importance of the port has undoubtedly decreased at least in relative terms, but even so its weight in the Venetian economy is still of notable importance.

The last part of the Guide is formed of useful addresses including those of economic activities which are in some way connected with the port. Even excluding those which are only marginally involved with the port of call, the hotels for example, there are hundreds of firms almost all of them with offices in Venice, for a workforce of over 20,000 between the commercial and industrial sectors.

Most of the port activities have offices in the historic centre and contribute in an essential way to assuring a balanced mix of activities. In the last few years banking, insurance, hotelier, telephone and publishing institutions, commercial

abbandonato da aziende bancarie assicurative alberghiere telefoniche editoriali, da associazioni imprenditoriali, da strutture pubbliche impoverendosi irrimediabilmente: il porto è uno dei pochi settori di attività economica rimasti sui quali si possa contare per contrastare la forte tendenza in atto alla monocoltura turistica.

Lo scalo lagunare non è importante solo per l'economia locale. Il suo retroterra è potenzialmente amplissimo comprendendo anche il centro Europa.

Ma per il nord-est e la pianura padana è essenziale disporre di un efficiente scalo attraverso il quale svolgere l'import export delle merci che viaggiano per mare.

Non v'è dubbio che Venezia per la sua collocazione geografica al termine dell'Adriatico, per le sue caratteristiche strutturali che gli permettono (una volta ristabiliti i fondali) la ricezione di navi di adeguata dimensione in condizioni di assoluta sicurezza, per i collegamenti infrastrutturali dei quali gode, è "il" porto di questo territorio, che dimostra la più forte vitalità economica in Italia e forse in Europa.

Se altri scali, molto meno dotati sotto il profilo geografico strutturale ed infrastrutturale sono riusciti in un passato non lontano a portarle un'efficace concorrenza, ciò è dipeso dalle distorsioni connesse all'organizzazione del lavoro portuale. Le recenti norme che la hanno liberalizzata, eliminando i monopoli degli enti portuali e delle compagnie dei lavoratori, hanno così posto le condizioni di un rilancio, che è già in atto, e del ristabilimento di un primato naturale nell'ambito adriatico.

Il porto è quindi un fattore essenziale per Venezia e per il suo entroterra, in particolare per il nord-est e l'area padana. Un territorio deve puntare innanzi tutto sulle risorse che ad esso sono proprie e a Venezia, una delle più importanti – se non la più importante –, oltre che la più legata alla grande tradizione della Serenissima, è senza dubbio la portualità. È quindi imperativo sfruttarla con grande impegno per lo sviluppo della città e dell'entroterra che vi fa capo.

È con queste finalità che gli Amici del Porto di Venezia, una libera associazione di enti ed im-

associations and public structures have abandoned the historic centre, impoverishing it: the port is one of the few sectors of the economic activity contrasting the strong tendency towards a monoculture of tourism.

The lagoon port of call is important not only for the local economy: its hinterland is potentially vast, including central Europe; but for the North-East and the Paduan plain it is essential to have an efficient port of call through which to import-export goods that travel by sea.

Without doubt, Venice – thanks to its geographical position in terms of the Adriatic, for its structural characteristics which allow it (once the soundings have been re-established) to receive ships of adequate dimensions in conditions of absolute safety, for the infrastructural links which it boasts – is 'The' port of this territory and demonstrates the strongest economic vitality in Italy and perhaps in Europe.

If other ports of call, much less attractive from the geographical and infrastructural points of view have in the recent past offered efficient competition, that depended on the distortions connected with the organisation of the dock work. Recent rules have freed it, eliminating the monopoly of the port agencies and the dockers companies and have thus laid the foundations for the re-launching which is already taking place and for the re-establishment of its natural primacy in the Adriatic ambit.

The port is, therefore, an essential factor for Venice and its hinterland, in particular for the North-East and the Paduan area. A territory must devote all its energies to its own particular resources and in Venice one of the most important – if not the most important in absolute – quite apart from being linked to the great tradition of the Most Serene Republic, is, without doubt, the port and its activities. It is, therefore imperative to exploit it with great dedication for the development of the town and the mainland.

It is with these aims in mind that the "Amici del Porto di Venezia" (Friends of the Port of Venice), a voluntary association of Agencies and Firms involved in the activities of the port of call have promoted this third edition of the Guide which

prese impegnati nelle attività dello scalo, hanno promosso questa terza edizione della Guida, che, si è certi, avrà lo stesso successo che è arrisa alle altre.
Gli Amici del Porto di Venezia ringraziano gli enti che hanno collaborato all'iniziativa ed in particolare l'Autorità Portuale e la Camera di Commercio. Ringraziano anche, il Ministro dei Trasporti Burlando, il presidente della Regione Galan, il presidente della Provincia Busatto, il sindaco di Venezia Cacciari, il presidente della Camera di Commercio Grimani e il presidente dell'Autorità Portuale Boniciolli per aver voluto onorare con le loro presentazioni la Guida.

ASSOCIAZIONE AMICI DEL PORTO DI VENEZIA

will most certainly have the same success as the previous one.
The "Amici" thank the Agencies which have collaborated with this initiative and in particular the Port Authority and the Chamber of Commerce. Thanking also, the Transport Minister, Mr. Burlando; the President of the Veneto Region, Mr. Galan; the Mayor of Venice, Mr. Cacciari; the President of the Chamber of Commerce, Mr. Grimani and the President of the Port Authority, Mr. Boniciolli, for honouring the Guide with their presentations.

FRIENDS OF VENICE PORT ASSOCIATION

Un cenno riassuntivo della storia del porto di Venezia
A summary of the history of the port of Venice

Un ministro romano dei re ostrogoti, Cassiodoro, scriveva nel VI secolo ai *tribuni maritimorum* delle Venezie per interessarli al trasporto d'olio e di vino dall'Istria a Ravenna: è questo il primo documento storico delle attività marittime nelle lagune venete. Cassiodoro racconta che gli abitanti delle lagune venete varcavano spazi infiniti per mare, ma che risalivano anche gli amenissimi fiumi del loro territorio: quando navigavano, osserva, era come fossero a casa propria.

A quel tempo però i principali porti dell'Adriatico settentrionale, Ravenna e Aquileia, erano al di fuori delle lagune: quando essi persero importanza per le invasioni longobarde e per gli interrimenti, il loro ruolo venne assunto dalle città lagunari, protette con più efficacia dalle acque, che le circondavano, che dalle mura in pietra e mattoni.

Venezia era solo una di esse, ma riuscì, al prezzo di dure lotte, a divenire il primo porto dell'Adriatico e soprattutto il punto di incontro tra Occidente e Oriente dell'Italia del nord e dell'Europa centrale.

Comacchio, prossima alle foci del Po, integrata nei domini longobardi e carolingi e vicina a Ravenna, era forse candidata a succedere a quest'ultima più di Venezia. Ma i veneziani nell'866 la presero e la misero a sacco assicurandosi il controllo delle vie d'acqua, che sfociavano in Adriatico e che erano allora le principali vie di comunicazione soprattutto per le merci.

Questa vittoria, la supremazia conquistata sulle coste dell'Istria e della Dalmazia e l'influenza acquisita sui porti minori del Medio Adriatico diedero a Venezia l'accesso ai mercati del suo entroterra e una relativa sicurezza di navigazione in Adriatico.

A Roman minister of the Ostrogoth kings, Cassiodoro, wrote in the VI c. to the maritime tribunes of Venice to interest them in the transport of oil and wine from Istria to Ravenna, the first historical document of the maritime activities in the Venetian lagoons. Cassiodoro narrated that the inhabitants of the Venetian lagoons navigated infinite spaces by sea but also sailed up the wonderful rivers of their territory. When in a boat, he observed, it was as though they were at home.

At that time, however, the main ports of the north Adriatic – Ravenna and Aquileia – were outside the lagoons and when they lost their importance because of the Longobard invasions and because of silting-up, their place was taken by the lagoon towns, protected more efficiently by the waters that surrounded them than by walls of brick and stone. Venice was only one of these but after fierce battles managed to become the leading port of the Adriatic and, above all, the meeting point of the east and west of northern Italy and central Europe. Comacchio, next to the mouth of the Po, integrated into the Longobard and Carolinian dominions and near to Ravenna, was perhaps a more probable candidate than Venice to succeed Ravenna, but in 866 the Venetians conquered and sacked it, thus assuring for themselves the control of the waterways which flowed into the Adriatic and which were then the main means of communications and, above all, transport of goods. This victory, the supremacy conquered on the coasts of Istria and Dalmatia and the influence acquired on the minor ports of the mid-Adriatic gave Venice access to the markets of the hinterland and a relative security of navigation in the Adriatic.

Sfruttando queste condizioni favorevoli unitamente ai suoi vincoli di appartenenza all'impero di Oriente – sancita dalla pace tra Carlo Magno e Bisanzio –, Venezia riuscì ad assicurarsi una posizione privilegiata nelle relazioni commerciali, che facevano capo a Costantinopoli, alla Tracia, alla Grecia e agli altri paesi del vicino Oriente.
Così i traffici che sino al IX secolo erano stati limitati e si erano svolti più sui fiumi verso l'entroterra che sul mare, crebbero rapidamente e interessarono progressivamente un avanmare sempre più vasto.
È questa la fase della grande espansione di Venezia nel Mediterraneo, che è continua dal 922, quando gli imperatori Basilio e Costantino le concessero la Bolla d'oro, che assicurò ai mercanti veneziani una posizione di grande vantaggio nei confronti delle altre città dell'Italia bizantina, alla conclusione della IV crociata all'inizio del XIII secolo, che assegnò a Venezia un quarto e mezzo dei possedimenti dell'impero latino di Costantinopoli.
Fu uno sviluppo non effimero, che garantì a lungo a Venezia una posizione di supremazia nel Mediterraneo. Anche quando, appena mezzo secolo dopo, la caduta dell'impero latino la escluse dalla posizione di monopolio che aveva raggiunto, Venezia riuscì a mantenere, almeno sino al XVI secolo, il suo impero coloniale e i suoi traffici marittimi nell'Oriente. Essa riuscì anzi ad espanderli prima nel Mediterraneo occidentale e poi oltre Gibilterra sino alle Fiandre e in Inghilterra.
È in questo periodo che si sviluppò la pratica dei viaggi delle galere in convoglio e a data fissa, le *mude*, inizialmente per tre mete: Alessandria d'Egitto, Beirut e Costantinopoli e poi per Trebisonda, la Tana, alle foci del Don, e, verso Occidente, per le Fiandre, la Barberia ed Aigues Mortes.
Le merci provenienti da questi viaggi, per la rarità che avevano nei mercati del tempo, erano quelle che attraevano maggiormente a Venezia i clienti stranieri, ma rappresentavano una parte modesta del movimento portuale di allora.
In realtà le merci che venivano importate a Venezia in maggiore quantità erano il sale, di cui

Exploiting these favourable conditions together with its ties to the Eastern Empire – sanctioned by the peace between Charlmagne and Bisanzium – Venice managed to assure itself a privileged position in the commercial relationships linked to Constantinople, Thrace, Greece and other countries of the Near East. Thus, traffic which until the IX c. had been limited and had been carried mainly on the rivers towards the hinterland grew rapidly and extended progressively into an ever larger coastal area. This was the phase of the great expansion of Venice in the Mediterranean which continued from 922 when the Emperors Basilio and Constantine granted the Golden Bull which gave Venetian merchants an enormous advantage compared to other towns of Byzantine Italy, up to the conclusion of the IV crusade at the beginning of the XIII c. which assigned to Venice a quarter and half a quarter of the possessions of the Roman Empire of Constantinople. This was not a passing development but one which guaranteed Venice a position of supremacy in the Mediterranean for a long time. Even

Vittore Carpaccio, *Leone di San Marco*, secolo XV. Venezia, Palazzo Ducale

Vittore Carpaccio, *St. Mark's Lion*, XV century, Venice, Doge's Palace

Venezia, oltre a essere produttrice, aveva in pratica il monopolio in tutta la val Padana, e il frumento, di cui aveva bisogno per nutrire i suoi abitanti – 150.000 nel 1300 –, nonché i numerosi ospiti della città e gli equipaggi, i passeggeri e i soldati delle navi in partenza: e poi vino, olio, pelli, lana, legname da ardere e da costruzione, metalli. Gran parte di queste veniva poi riesportata nel retroterra o nei paesi dell'avanmare. Importante era anche il traffico passeggeri, soprattutto verso la Terrasanta, che toccò punte altissime in concomitanza con le crociate.

Notevole rilievo manteneva anche il movimento fluviale, sia di merci che passeggeri, sino a Pavia lungo il Po, lungo l'Adige oltre Verona e su tutti i fiumi della pianura padano veneta.

Tutta la città partecipava al commercio e alle attività marittime.

Ad esso non erano interessati solo gli armatori, i *patroni* di nave, i mercanti, i marinai e tutti coloro che lavorano attorno alle merci sbarcate

when, just half a century later, the monopoly position which Venice had reached was excluded by the fall of the Roman Empire, Venice managed to maintain – at least until the XVI c. – its colonial empire and its maritime traffic in the East. In fact, this trade was expanded, first in the Western Mediterranean, beyond Gibraltar, then as far as Flanders and England.

It was in this period that the practice of voyaging in convoys of galleys at fixed dates was developed, – le mude – initially for three destinations: Alexandria in Egypt, Beirut and Constantinople, later to Trebizond, Tana, the mouth of the Don and towards the west for Flanders, the Barbary Coast and Aigues Mortes. The goods resulting from these voyages, due to their rarity in the markets at that time, were those which most strongly attracted foreign clients to Venice, but they represented only a modest part of the port movement. In fact, the goods which were mainly imported to Venice were salt which Venice not only produced but for which it also held the monopoly in all the Paduan Valley, wheat which

o imbarcate o alla costruzione delle navi, che rappresentano pure una gran parte della cittadinanza, ma chiunque avesse una disponibilità, anche limitata, di denaro su un viaggio poteva acquistare una quota, una *caratura*, del carico, che una galera avrebbe fatto in occasione di una muda, e partecipare quindi proporzionalmente al guadagno conseguente alla sua vendita.
Aumentava in quel periodo la marina commerciale, ma nel contempo anche quella da guerra, necessaria tra l'altro per proteggere la prima nei suoi viaggi, e con essa in parte intercambiabile. In questo contesto di straordinario impegno per le attività marinare, può apparire singolare l'insufficienza strutturale del porto, i cui bassi fondali conseguenti all'interramento dei canali erano a più riprese lamentati, senza però che se ne trovi definitivo rimedio sino al XIX secolo. Si continuò nella pratica dell'allibo e nell'utilizzo dei *cammelli* – grossi galleggianti che venivano affiancati alle navi per diminuirne il pescaggio – per permettere l'ingresso in porto delle imbarcazioni di maggior dimensione.
Ugualmente singolare può apparire l'assenza in Venezia di opere portuali. Nella famosa pianta del De Barbari del 1500 non si vedono banchine specializzate per lo sbarco e l'imbarco delle merci, ma navi e barche disseminate un po' dappertutto.
In realtà le navi più grosse restavano alla fonda in bacino San Marco e il carico-scarico delle loro merci avveniva quasi esclusivamente utilizzando barche minori, provenienti dai magazzini e dai fondaci sparsi in città o ad essi destinate.
Il fatto è che tutta Venezia era in quei secoli un immenso stabilimento portuale. In riva San Marco si immagazzinava il frumento, nei pressi della punta della Dogana il sale, un po' oltre lungo il canale della Giudecca si scaricava il legname portato con le zattere lungo i fiumi (e Zattere si chiama tuttora quella riva). Prima del ponte di Rialto, venendo da San Marco, vi sono tuttora ai lati del canal Grande le rive del Carbon, del Ferro e del Vin dove venivano appunto movimentate queste merci, vicino v'era il fondaco delle Farine, poco più avanti restano quello dei Tedeschi (dove spezie sete e cotone venivano scambiate con i metalli di cui la

it needed to feed its inhabitants (150,000 in 1300) as well as the numerous guests of the town and the crews, passengers and soldiers of the departing ships, then wine, oil, hides, wool, timber both for fuel and construction, and metals. Much of this material was re-exported to the hinterland and to the coastal towns. Passenger traffic was also important, above all to the Holy Land, reaching very high levels during the Crusades. Fluvial movement also maintained a remarkable importance, both for goods and passengers, as far as Pavia along the Po, along the Adige beyond Verona and along all the rivers of the Venetian-Paduan plain.

The whole city participated in commerce and maritime activities. Not only the ship-owners – i patroni –, the merchants and the crews and all those who worked loading or unloading goods, or in the building of the ships, all of whom represented a great part of the citizenship, but whoever had funds to invest, even a limited amount, could buy a share – una caratura – of the load which a galley would transport in a voyage on the occasion of a muda and, therefore, participate proportionately in the profits of the sale. The commercial navy increased in that period as did the war fleet, necessary to protect the former during its voyages and, in part, interchangeable with it. In this context of extraordinary commitment for marine activities, the insufficient structure of the port can seem strange, with its much criticised shallow soundings following the silting-up of canals, and no definite solution was found until the XIX c. The practice of lightening the load and the use of cammelli – large floats brought up alongside the ships to reduce the draught – allowed the entry into port of vessels of large dimensions. The absence in Venice of port works can also seem strange. In the famous map by De Barbari of 1500, there are no specialised wharves for the loading and unloading of goods, but rather ships and boats tied up any and everywhere. In fact, the largest ships rode at anchor in St. Mark's Bay and the loading/unloading of their goods was done almost exclusively using minor boats from the warehouses and stores spread throughout the city where the goods

Germania era produttrice), e quello del Miglio.
La stessa architettura dei palazzi – magazzino al piano terra comunicante direttamente con la porta d'acqua, uffici al *mezzà*, abitazione dei padroni al piano nobile, servizi all'ultimo – era funzionale all'organizzazione di un'azienda familiare dedita al commercio marittimo.
Ma speciale importanza avevano i fondaci, cioè stabilimenti dedicati alle merci – o a un particolare tipo di merce o alle merci di un particolare gruppo di mercanti, ad esempio i tedeschi – per il loro deposito e il loro commercio. Di particolare rilievo era la loro funzione di emporio di *merci a pronti*, che costituiva per i mercanti una notevole occasione di affari.
Se il governo della Serenissima appariva distratto circa le opere portuali, non lo era di certo nei confronti della flotta. Non solo la Repubblica armava, oltre naturalmente quelle militari, proprie navi commerciali con le quali organizzava e gestiva direttamente le *mude*, ma la costruzione navale era industria di stato nell'ambito dell'Arsenale, dove vigeva un regime severissimo di segreto circa le tecniche costruttive, al punto che calafati e carpentieri lì adibiti non potevano poi andare a lavorare altrove.
Nell'Arsenale vennero anche messe a punto tecniche costruttive d'avanguardia, come la costruzione seriale di sezioni di navi, da assemblare successivamente, che permetteva la realizzazione di un incredibile numero di nuovi vascelli in brevissimo tempo.
Sull'enorme dimensione e importanza delle attività marinara di Venezia, v'è la testimonianza del doge Tommaso Mocenigo che in un discorso pronunciato in Senato nel 1423, quando la Repubblica aveva già iniziato a rivolgere la sua attenzione alla terraferma, fornisce dei dati interessantissimi sull'economia veneziana di allora.
La città disponeva di 45 galere tra grosse (destinate al trasporto di merci) e sottili, sempre in mare con 8.000 marinai, 300 navi adatte al commercio marittimo di una portata superiore a 300 anfore (circa 120 tonnellate) che impegnavano altri 8.000 marinai, 3.000 imbarcazioni minori da 40 a 200 anfore con 17.000 marinai. Nelle

were destined. The fact was that the whole of Venice in those times was an immense port establishment: wheat was stored along the canal bank of St. Mark's; salt near the Punta della Dogana; a little further along the Giudecca canal, timber brought on rafts (zattere) along the rivers was unloaded and even today that canal bank is called 'Zattere'. Just before Rialto Bridge (coming from St. Mark's) there are still today the banks of the Grand Canal called Rive del Carbon (coal), del Ferro (iron) and del Vin (wine) where these goods were dealt with; nearby there was the flour warehouse, a little further ahead the German store where spices, silk and cotton were exchanged with metals produced in Germany, and the millet warehouse.
The architecture itself of the mansions – storeroom on the ground floor communicating directly with the water entrance, offices on the mezzanine, the owner's dwelling on the noble floor, servants quarters on the top floor – was functional to the organisation of a family business dedicated to maritime commerce. The trading warehouses – i fondaci – were especially important, those establishments dedicated to goods, – or a certain type of goods, or goods of a particular group of merchants, for example the Germans – their storage and commerce. Their function as an emporium of goods for cash was particularly important and constituted a remarkable business opportunity for the merchants.
If the Government of the Most Serene Republic seemed distracted with regard to the port works, they were most certainly not so concerning the fleet. The Republic out-fitted not only the ships of the navy but also its own commercial ships which it organised and managed directly in the mude (convoys), as well as ship building which was a state industry of the Arsenal where a very strict regime of secrecy was maintained regarding methods of construction to the point where caulkers and carpenters detailed there could not work elsewhere. Avant-guarde construction techniques were perfected in the Arsenal, such as the serial construction of sections of ships to be assembled later, thus allowing the production of an incredible number of vessels in a very short space of time.

costruzioni navali erano impegnati 3.000 calafati e altrettanti carpentieri.

Il traffico marittimo fuori dal golfo rappresentava un valore di 10 milioni di ducati all'esportazione e altrettanto all'importazione, con un profitto per i Veneziani di 4 milioni di ducati. Venezia era una città insomma che viveva e prosperava veramente sulle attività legate al mare.

I fattori che indussero la decadenza di Venezia, come potenza marinara, – l'avanzata dei turchi ottomani nei Balcani e le scoperte geografiche, non solo dell'America, che spostano dal Mediterraneo il centro dei traffici – vennero avvertiti

In a speech pronounced in the Senate in 1423, when the Republic had already begun to pay attention to the mainland, Doge Tommaso Mocenigo confirmed the enormous size and importance of marine activity in Venice, supplying most interesting data on the Venetian economy of the times. The town had 45 galleys available, both large (dedicated to goods transport) and small, permanently at sea with 8,000 sailors; 300 ships suitable for maritime trade with a capacity of more than 300 amphore (about 120 tons) which employed 8,000 sailors; 3,000 smaller vessels from 40 to 200 amphore with 17,000 sailors; 3,000 caulkers and the same number of carpenters were employed in ship building. Maritime traffic

Giambattista Tiepolo, *Nettuno offre doni a Venezia*, secolo XVIII. Venezia, Palazzo Ducale

Giambattista Tiepolo, Neptune offers gifts to Venice, XVIII *century, Venice, Doge's Palace*

subito a Venezia, che nel 1506 istituì la Magistratura dei cinque savi alla mercanzia, per suggerire le azioni da intraprendere al fine di conservare la supremazia nel commercio e nella navigazione della Serenissima.
In realtà almeno per tutto il XVI secolo Venezia non risentì di questi nuovi eventi, vivendo anzi un periodo di grande fulgore. Essa allora era ritenuta la prima città d'Italia non solo per la ricchezza dei suoi abitanti, ma anche per i traffici, che vi facevano capo.
È in questo secolo che venne ricostruito in una dimensione e con uno sfarzo di gran lunga superiore al passato – gli affreschi esterni ora quasi del tutto persi erano di Tiziano e Giorgione – il

outside the gulf represented 10 million ducats in exports and the same again in imports, with a profit for the Venetians of 4 million ducats.
As can be seen, Venice was a city which truly lived and prospered from activities linked to the sea.

The factors which induced the decline of Venice as a marine power – the advance of the Ottoman Turks in the Balcans and the geographical discoveries, not only of America – shifted the centre of traffic from the Mediterranean and were immediately felt in Venice which established the Magistratura dei Cinque Savi alla Mercanzia (the Magistracy of Five Sages for Merchandise) to suggest actions to be taken so as to protect the

fondaco dei Tedeschi distrutto nel 1505 da un incendio. E la nuova grande costruzione stentò per un lungo periodo ad accogliere tutti i mercanti germanici che intendevano utilizzarla.
Venezia era un mercato dove si trovava di tutto, dalle spezie ai metalli ai tessuti e dove era possibile inviare, o ricevere, merci e denaro per qualsiasi destinazione: uno straordinario emporio-città, senza eguali in quell'epoca, che manteneva una straordinaria capacità di attrazione.

Ma i fattori negativi continuavano a operare.
Le basi del Mediterraneo orientale, necessarie per la protezione e lo svolgimento dei traffici, vennero perse una ad una.
Altre città divennero il centro del mercato delle spezie. E un giorno queste arrivano a Venezia da Amsterdam anziché dall'Oriente: l'Olanda aveva creato un impero coloniale nelle Indie orientali e alla sua capitale affluivano quelle merci, una volta monopolio di Venezia, in quantità tali che quest'ultima trovava convenienza a rifornirsi lì piuttosto che sui luoghi di produzione.
A questo punto la grandezza di Venezia come emporio mondiale era al tramonto.
Il ruolo del suo porto, pur perdendo la dimensione internazionale che lo aveva sino ad allora caratterizzato, rimase tuttavia importante.
Innanzitutto esso disponeva di un mercato esclusivo, cioè la stessa città di Venezia, che non aveva altre vie di rifornimento se non l'acqua e che con il suo altissimo tenore di vita era un grande centro di consumo. Inoltre la Repubblica, che aveva sempre privilegiato le attività commerciali, inizia a sostenere le industrie locali, che quindi diventano un fattore rilevante di importazione di materie prime o semilavorati e di esportazione di prodotti finiti.
Più tardi si innescarono anche nuovi flussi di traffico relativi ai prodotti dell'entroterra veneziano. Quelli agricoli sostituirono le importazioni di grano d'oltremare, mentre quelli delle nuove manifatture dell'area veneta, ad esempio tele e panni, arrivavano a Venezia sia per il consumo locale sia per essere esportati verso le regioni adriatiche.
Il movimento del porto rimase così, almeno sino alla metà del XVIII secolo, al livello dei periodi

Most Serene Republic's supremacy in commerce and navigation. In fact, at least for the whole of the XVI c., Venice did not suffer from these new events and lived a period of great splendour. It was considered the leading city of Italy, not only for the wealth of the inhabitants but also for the traffic which passed through it. It was in that century that Venice was reconstructed on a size and with a show far greater than in the past – the external frescoes (now almost completely lost) were by Titian and Giorgione. The Fondaco dei Tedeschi (the German Warehouse) was destroyed by fire in 1505 and the new construction had problems for a long time in accommodating all the German merchants who intended to use it. Venice was a market where you could find anything, from spices to metals to textiles and where it was possible to send, or receive, goods and money of any destination: an extraordinary emporium-city without equal in that epoch, which maintained an outstanding capacity for attraction.

But negative factors continued to operate. The bases of the eastern Mediterranean, necessary for the protection and execution of trade were lost one by one. Other towns became the centre of the spice trade and one day these arrived in Venice from Amsterdam instead of from the East: Holland had created a colonial empire in the East Indies and it was to its capital that these goods flowed which were once the monopoly of Venice, and in such quantities that it was more convenient for Venice to purchase them there than from the source of production. At that point the greatness of Venice as a world-wide emporium was in decline. However, the role of the port remained important even though it had lost the international dimension which had characterised it until then. Above all, it had an exclusive market – the city of Venice itself – which had no other means of supply other than by water and, with its high standard of living, it was a great centre of consumption. Besides, the Republic which had always privileged commercial activities began to support local industries which therefore became an important factor in the import of raw materials or partly-finished goods and of the export of finished products.

di maggior splendore. Ma negli altri paesi il commercio esterno era nel frattempo cresciuto moltiplicandosi più volte e l'importanza relativa di Venezia nel contesto mondiale risultava quindi drasticamente ridimensionata.

In questo periodo tuttavia vennero realizzate notevoli opere in laguna per migliorare la funzionalità del porto veneziano.
La città venne dotata di strutture, di cui, si è visto, mancava: dai fari e dai segnali luminosi lungo i canali, alle banchine e agli approdi. Tra il 1500 e il 1600 si costruirono le fondamenta delle Zattere, quelle della Giudecca, quella di Sant'Antonio; la riva degli Schiavoni diventò il molo principale della marina da guerra e per il commercio, si ampliarono le fondamente di Cannaregio, si rinnovò il centro di Rialto, che era utilizzato anche per il deposito delle merci importate dall'estero.
Grandi interventi riguardarono l'idraulica lagunare per combattere il peggior pericolo del porto, cioè gli interrimenti.
Nel corso di due secoli vennero spostati al di fuori della laguna, i fiumi maggiori sfocianti in essa e ritenuti responsabili dell'interramento dei canali di accesso.
Questa complessa opera di sistemazione idraulica comportò anche la creazione di una fitta rete di canali nell'immediato retroterra, per lo più navigabili, intensamente e a lungo sfruttati.
Tra la fine del Seicento e l'inizio del Settecento venne scavato un canale che congiungeva Malamocco a Venezia in modo di poter utilizzare il primo come porto di Venezia. Questo canale, percorribile anche oggi, lungo 15 chilometri e profondo almeno 11, 5 piedi, rimase sino alla fine del XIX secolo, quando venne riattata la bocca di Lido, la principale via d'accesso a Venezia per ogni tipo di nave.
L'opera più grande fu però quella realizzata a difesa della laguna: le vecchie palizzate che proteggevano le isole litoranee furono sostituite dai *murazzi* in pietra d'Istria, che tuttora presidiano la laguna dall'Adriatico. *Ausu romano, aere veneto* venne iscritto su questa straordinaria opera, conclusa poco prima della caduta della Repubblica.

Later, new flows of traffic were formed relative to the products of the Venice hinterland: agricultural goods substituted the import of grain from overseas, while the new merchandise of the Venetian area, such as cloth, arrived in Venice both for local consumption and for export towards the Adriatic regions. The port movements remained in that condition at least until the middle of the XVIII c. at the level of the periods of maximum splendour. But in other countries, external commerce had grown and multiplied in the meantime and so the importance of Venice in the world-wide context was drastically reduced.

In that period, however, remarkable works in the lagoon were carried out to improve the functionality of the Venetian port. The city was supplied with those structures which had been lacking: from lighthouses and luminous signals along the canals, to wharves and landing stages. Between 1500 and 1600 the canal banks of the Zattere, the Giudecca and S. Antonio were built; Riva degli Schiavoni became the main quay for war and commerce; the canal banks of Cannaregio were amplified, and the centre of Rialto used as a store for imported goods from abroad was renovated. Vast interventions concerning lagoon hydraulics were carried out to fight the worst danger for the port: silting-up. In the course of two centuries the main rivers flowing into the lagoon, held responsible for the silting up of the access canals, were moved outside of the lagoon. This complex work of hydraulic re-organisation also implied the creation of a close network of canals in the immediate hinterland, navigable for the greater part and intensely exploited for a long time.
Between the end of '600s and the beginning of the '700s a canal was dug uniting Malamocco and Venice so as to be able to use the former as the port of Venice. This canal, useable also today, was 15 kilometres long and at least 11.5 feet deep, and remained until the end of the XIX c. when the Lido entrance was re-activated, the main access to Venice for all types of ships. The most important works were those realised for the defence of the lagoon: the old palisades which protected the littoral islands were substituted by

In questa pagina e nelle successive:
Jacopo de' Barbari, *Pianta di Venezia*, 1500, particolari

On this and the following pages: details from Jacopo de' Barbari, Map of Venice, *1500*

La caduta della Repubblica portò un periodo di paralisi pressoché completa dell'attività del porto, che venne ripresa solo con la prima dominazione austriaca del 1798.
I traffici si riavviarono, ma la concorrenza di Trieste, per la franchigia di cui godeva la città, le agevolazioni concesse agli stranieri, la costruzione di collegamenti stradali diretti con il suo entroterra, risultò prevalente, rendendo, anche per altri fattori, come la situazione politica e la perdita dei territori oltre il Mincio, precaria la ripresa di Venezia.
Essa avrebbe potuto costituire la testa di ponte del commercio dell'impero francese verso l'oriente, quando con il suo retroterra venne annessa nel 1806 al regno italico, posto che Trieste era rimasta sotto l'Austria.
E in effetti venne dato il via a molti lavori sia per la sistemazione del porto, sia per il potenziamento dell'infrastruttura stradale e di quella idroviaria del retroterra. Venne inoltre istituito il porto franco nell'isola di San Giorgio. Ma il blocco navale, anche se dopo qualche anno attenuato, e la guerra di corsa esercitati dagli inglesi, che dominavano nell'Adriatico, eliminarono ogni possibilità di ripresa. Il porto di Venezia e con esso tutta l'economia della città caddero in rovina.
L'Austria, nel 1814, riprese il dominio di Venezia, ma fu solo dopo quindici-venti anni dalla concessione del regime di porto franco a tutta la città, avvenuta nel 1829, che si poterono vedere segni concreti di rilancio delle attività portuali, aumentando il numero e la stazza delle navi che vi fanno scalo e anche la presenza estera.
Ma anche questo rilancio ebbe breve vita. Con il distacco della Lombardia, conseguente all'armistizio di Villafranca e la generale precarietà politica di quel periodo, il traffico del porto riprese a diminuire rapidamente: nel 1865 la stazza complessiva delle navi che avevano scalato Venezia, fu circa la metà di quella relativa al 1859, l'anno dell'armistizio.

Anche in questi anni vennero però realizzate opere determinanti per la vita del porto, ancor oggi essenziali.

'Murazzi' in Istrian stone and which still preside over the lagoon from the Adriatic. 'Ausu romano, aere veneto' (with Roman boldness but Venetian money) was inscribed on this extraordinary work, finished just before the fall of the Republic.

The fall of the Republic brought with it a period of almost complete paralysis of the port activity which was re-activated only with the first Austrian domination of 1798. Traffic revived but the competition of Trieste with its duty exemption, special facilities granted to foreigners and the construction of roads connected directly to its hinterland prevailed, rendering the revival of Venice precarious, as did other factors such as the political situation and the loss of territories beyond the Mincio. Venice should have been able to build a bridge-head for commerce with the French Empire towards the East when it was annexed together with its hinterland in 1806 to the Regno d'Italia (the Reign of Italy), seeing that Trieste had remained under Austrian control. In effect, many works were begun for the putting into order of the port, the increase in potential of the road infrastructures and the waterway system. A free port was established on the island of S. Giorgio but the naval block, even though it was lessened after a few years, and the route war, waged by the English who dominated the Adriatic, eliminated every possibility of revival. Venice port, and with it all the economy of the city, was ruined.

In 1814 Austria imposed domination over Venice again but it was only after 15 or 20 years from the granting of the regime of free port to all the city (1829) that the first concrete signs could be seen of an increase in port activity with a growth in the number and tonnage of the ships which called there, and also a foreign presence.

But this revival too was short-lived. With the separation of Lombardy following the armistice at Villafranca and the general political precariousness of that period, the port traffic decreased rapidly: in 1865 the overall tonnage of the ships calling in Venice was about half that in 1859, the year of the armistice.

However, also in those years works were com-

Il problema principale era sempre quello dell'interramento delle bocche di porto, nonostante l'estromissione dei fiumi.

Il porto di Malamocco tra il 1838 e il 1857 fu dotato di due dighe, una a nord e una a sud in modo da proteggerlo dai venti e da costringere la corrente di marea a entrarvi con maggiore velocità e quindi con un rilevante effetto effossorio, col risultato, superiore alle aspettative, di garantire fondali di 10-11 m sotto il livello medio del mare.

Nel 1842 venne inaugurata la ferrovia Marghera-Padova, che nel 1846 raggiunse, attraverso il nuovo ponte lagunare, Venezia; nel 1857 fu completato il collegamento con Milano. Negli anni successivi vennero realizzate le linee Padova-Bologna, Mestre-Udine e Verona-Trento.

Venne anche notevolmente migliorata la rete di navigazione interna, che ebbe un notevole sviluppo quando si introdusse l'uso di grandi – per allora – chiatte rimorchiate da battelli a vapore. Nel 1854 il Lloyd Austriaco collegava Venezia a Milano e alla Svizzera, via Po e lago Maggiore, con una linea regolare.

Nel momento dell'annessione di Venezia all'Italia v'erano dunque le condizioni perché tutto il retroterra padano si servisse dello scalo lagunare.

Mancava però un'attrezzatura portuale, banchine, magazzini silos, adeguata ai tempi e allo sviluppo della tecnologia navale.

Era necessario spostare il porto dalla sua localizzazione in bacino San Marco, dove le strutture necessarie non potevano essere realizzate. Superando le polemiche dei conservatori, che vedevano in questo spostamento una violazione della tradizione e un danno irreparabile per la vita della città, venne scelta per il nuovo porto un'area al termine del canale della Giudecca, prossima alla testata del ponte ferroviario sulla laguna, alla quale venne dato il nome di stazione Marittima.

Lì venne scavato il bacino e costruito al suo fianco il molo di Levante attrezzato per le navi di grande tonnellaggio su un lato e per i velieri e le barche della navigazione interna sull'altro. Nei primi dieci anni di esercizio il traffico del molo

pleted which were to be decisive for the life of the port, and which are still essential today.
The main problem was always the silting-up of the port entrances, in spite of the re-positioning of the rivers. Between 1838 and 1857 the port of Malamocco was equipped with two long piers, one to the north and one to the south, to protect it from the winds and to oblige the tide current to enter more swiftly with a scouring effect, with the result – greater than expected – of guaranteeing soundings of 10-11 metres below average sea level. In 1842 the Marghera-Padua railway line was inaugurated and in 1846 this reached Venice across the new lagoon bridge; in 1857 the link with Milan was completed. Later the lines Padua-Bologna, Mestre-Udine and Verona-Trento were constructed. The network of internal navigation was greatly improved and this had a significant development with the introduction of large (for that time) barges moved by steam tugs. In 1854 Lloyd Austriaco connected Venice with Milan and Switzerland via the Po and Lake Maggiore with a regular service.

At the moment of annexing Venice to Italy, therefore, there were all conditions for the Paduan hinterland to use the lagoon port of call.
However, port equipment and structures such as wharves, warehouses and silos adequate to those times and to the then state of naval technological development were lacking. It was necessary to move the port from its site in St. Mark's Bay where these structures could not be built. Overcoming the criticism of the conservatives who saw in this move a violation of tradition and irreparable damage to the life of the city, the choice for a new port fell on an area at the end of the Giudecca canal near to the bridge-head of the railway line over the lagoon, which was named Maritime Station. A bay was excavated and the Levant wharf was constructed, on one side equipped for ships of large tonnage and for sailing boats and inland waterway navigation vessels on the other. In the first ten years the traffic of the Levant wharf passed from 100,000 to 570,000 tons and its importance on the total of the port from 14% to 60%.
Many other works to equip the port fully followed

di Levante passò da 100.000 a 570.000 tonnellate e il suo peso sul totale del porto dal 14% al 60%.
Molti altri lavori di attrezzatura del porto seguirono. Tra il 1886 e il 1907 viene realizzato il molo di Ponente. Negli anni 1896-97 vengono costruite le banchine dei magazzini generali di Santa Marta e del punto franco a San Basilio: quest'ultima venne collegata alla ferrovia nel 1908. Nel 1884 entra in attività il mulino Stucky, che diventerà, anche inattivo, una componente essenziale del panorama veneziano. Nel 1901 viene inaugurato il primo silos del porto. Nel 1907 le ferrovie allargarono gli ultimi 500 metri del ponte, lato Venezia, potenziarono i collegamenti con la terraferma e iniziarono la costruzione della grande stazione di smistamento di Mestre.
In due tempi vennero anche realizzate le dighe del porto di Lido, che con i fondali così acquisiti, ritornò a essere l'ingresso portuale di Venezia.
Alla realizzazione delle opere corrispose lo sviluppo del traffico; tra il 1881 e il 1890 esso rimase su 1.000.000 di tonnellate all'anno, ma nel 1900 raggiunse 1.484.000 tonnellate, nel 1906 2.385.000, nel 1912 2.882.000, risultato questo che rimarrà a lungo il record del porto. Venezia era tornata ai vertici dei porti italiani, seconda solo a Genova.

Lo sviluppo dei traffici comportò presto il problema di un ulteriore ampliamento del porto, che appassionò i veneziani all'inizio del secolo. Alcuni progetti proposero che l'ampliamento venisse realizzato nelle aree lagunari contigue alla stazione Marittima, altri in quelle prossime alla Giudecca, altri in prossimità del fronte nord della città.
Il Genio civile però si oppose a queste proposte per le trasformazioni profonde di aree prossime al centro storico, che esse avrebbero comportato e suggerì, nel 1904, di localizzare in terraferma, a sud del forte di Marghera, in località Bottenighi, l'ampliamento del porto.
Questa soluzione prevalse, nonostante la contrarietà di molti veneziani che temevano la perdita di fonti di reddito con l'allontanamento dei

this. Between 1886 and 1907 the Western wharf was constructed. In the years from 1896-97 the quays of the general warehouses of S. Marta and the free zone of San Basilio, the latter connected to the railway in 1908. In 1884 the Mulino Stucky began its activity which even though it is now inactive remains an essential component of the Venetian panorama and sky-line. In 1901 the first silos of the port were inaugurated and in 1907 the railways widened the last 500 metres of the bridge on the Venice side, increasing the links with the mainland and the construction of the large sorting station of Mestre began. The piers of the Lido port were built in two stages, and with the acquisition of those soundings it became once again the entry port to Venice. Following these works there was a corresponding increase in traffic: between 1881 and 1890 it remained around 1,000,000 tons a year; in 1900 it reached 1,484,000 tons; in 1906 2,385,000 and in 1912 2,882,000 which remained a record for the port for a long time. Venice had returned to the summit of Italian ports, second only to Genoa.

The development of the traffic soon involved the problem of a further increase in size of the port which fired the enthusiasm of the Venetians at the beginning of the century. Some projects proposed the increase in the lagoon areas adjoining the Maritime Station, others in those next to the Giudecca, others near to the northern front of the city. The Civil Engineers Department, however, opposed these proposals due to the drastic transformations involved of areas near the historic centre and, in 1904, suggested siting the enlargement of the port on the mainland at 'Bottenighi', to the south of Forte Marghera. This solution prevailed in spite of the opposition of many Venetians who feared a loss of earnings with the removal of traffic from the historic centre and in 1907 funds were allocated for the first lot of work to excavate the bay of Bottenighi and the access canal which were completed in 1913. However, the new works could not be used. It was during the First World War that people understood what a great opportunity for development the areas of Marghera offered: available in almost unlimited quantities, suitable

traffici dal centro storico: nel 1907 vennero stanziati fondi per i primi lavori di escavo del bacino dei Bottenighi e del canale di accesso, che vennero completati nel 1913, senza però che queste nuove opere potessero essere utilizzate. Ma fu durante la grande guerra che si comprese quale grande occasione di sviluppo offrivano le aree di Marghera, disponibili in quantità pressoché illimitata, utilizzabili per la costruzione di industrie affacciate sull'acqua e dotate di propria banchina, per le quali la movimentazione portuale di materie prime e prodotti finiti diventa una semplice fase del processo produttivo.

Su incarico del Sindacato di studi per le imprese elettrometallurgiche e navali nel porto di Venezia, presieduto da Giuseppe Volpi, l'ingegnere Cohen-Cagli preparò un progetto, riguardante non solo lo scalo marittimo e la zona industriale, ma anche un quartiere urbano ad essi annesso. Il progetto venne approvato dal Consiglio superiore dei lavori pubblici nel 1917.

Subito dopo venne costituita la Società del porto industriale, presieduta anch'essa da Volpi, che nello stesso anno, sulla base di una convenzione con il Comune e lo Stato, iniziò i lavori di costruzione della nuova zona portuale industriale.

Nonostante le soste imposte dalle vicende belliche e le difficoltà del dopoguerra, le opere necessarie per la sua messa in funzione vennero rapidamente realizzate e già nel 1924 erano presenti a Marghera una trentina di industrie, alcune delle quali già attive. A Venezia vennero quindi realizzate con rapidità le opere necessarie per lo sviluppo del porto e l'ammodernamento della città. Fu costruito il terminal automobilistico di piazzale Roma e affiancato a quello ferroviario il nuovo ponte stradale.

Nel 1919, le Ferrovie avevano ceduto la gestione del porto a un nuovo ente autonomo, denominato, mutuando la nomenclatura delle antiche istituzioni veneziane, Provveditorato al porto. Ciò stabilì la separazione delle gestioni del traffico commerciale e di quello industriale.

E il fatto che quest'ultimo non fosse così costretto a utilizzare i servizi estremamente onerosi della Federazione cooperativa del porto e

for the construction of industries facing the water, equipped with their own wharf so that the port movement of raw materials and finished goods became a simple phase of the production process. Commissioned by the Association for Studies for the Electro-metalic and Naval Firms in the Port of Venice, presided over by Giuseppe Volpi, Cohen-Cagli, an engineer, prepared a project concerning not only the maritime port of call and the industrial area but also the urban quarter connected to it. The project was approved by the High Council of the Public Works Department in 1917. Immediately afterwards, the Industrial Port Company was established, again presided over by Volpi, and in the same year, based on a convention between the Municipality and the State, the construction work began on the new industrial port area. In spite of the pauses imposed by the war and the post-war difficulties, the works necessary for its becoming operative were completed rapidly and in 1924 around 30 industries were present in Marghera, some of which were already active. In Venice the works necessary for the development of the port and the modernisation of the city were completed quickly: the automobile terminal of Piazzale Roma was built and a new road bridge constructed next to the rail link.

In 1919 the Railways had granted the management of the port to a new autonomous agency called Provveditorato al Porto (Superintendency of the Port), adopting the nomenclature of the ancient institutions, and this rendered definite the separation of the management of the commercial and industrial traffics. The fact that, in this way, the latter was not obliged to use the extremely expensive services of the Co-operative Federation of the Port and then the Company of Dockers was an important factor of localisation in the industrial sector of the port of productive activities which first needed supplies of raw materials and then the shipping of finished products. This factor, together with others – the good infrastructure network of links with the hinterland, an easily obtainable work force, available energy and special fiscal conditions – guaranteed the success of the industrial port area of Marghera. In 1930 73 firms were active with 5,100 workers;

poi della Compagnia lavoratori portuali, costituì un potente fattore di localizzazione nel settore industriale del porto delle attività produttive, che per approvvigionarsi di materie prime o per la spedizione di prodotti necessitano del mezzo marittimo.

Questo fattore, unito ad altri – la buona rete infrastrutturale di collegamento con l'entroterra, la facile reperibilità di mano d'opera, la buona disponibilità di energia, facilitazioni fiscali – garantirono il successo della zona portuale industriale di Marghera. Nel 1930 operavano 73 stabilimenti con 5.100 addetti. Nel 1940 gli stabilimenti erano più di 95 e gli occupati 17.300.

Anche il traffico crebbe rapidamente nella zona industriale. Qui esso superò il 1.000.000 di tonnellate nel 1933 e raggiunse i 2.400.000 nel 1939, mentre nel settore commerciale nello stesso anno risultò essere di 2.200.000 tonnellate.

Se durante il secondo conflitto mondiale il porto si fermò, nel dopoguerra la crescita fu impetuosa.

Il traffico, che nel 1946 sfiorava i 3.000.000 di tonnellate, un terzo in meno del 1939, nel 1952, con oltre 5.000.000 di tonnellate, superò i livelli dell'anteguerra e raggiunse i 10.000.000 nel 1961. La crescita fu molto più rapida nel settore industriale che in quello commerciale. Fu questa la fase, che continuò per tutti gli anni '60, della corsa al mare delle industrie di base: con il progressivo ricorso al rifornimento di materie prime dai paesi del terzo mondo, le industrie abbandonavano le localizzazioni interne e si trasferivano sulla costa.

Si pose quindi l'esigenza di una seconda espansione di Marghera, per promuovere e governare la quale il ruolo della Società porto industriale viene preso da un consorzio pubblico tra Camera di commercio, Comune, Provincia e Provveditorato al porto.

Il Consorzio mise a punto e realizzò un piano di utilizzazione della II zona industriale, che per la verità era stata prevista, sia pur con un lay-out alquanto diverso dalla pianificazione del 1925. Si insediarono 16 aziende, che esaurirono in pratica le disponibilità di aree, anche se

in 1940 there were more than 95 plants with 17,300 employees. Traffic grew rapidly too in the industrial area, passing 1,000,000 tons in 1933, reaching 2,400,000 in 1939 while the commercial sector dealt with 2,200,000 in the same year.

If the port ceased its activity during the Second World War, the post-war growth was impetuous. Traffic which in 1946 was 3,000,000 tons (a third less than 1939) in 1952 with more than 5,000,000 tons passed the pre-war levels and reached 10,000,000 tons in 1961. Growth was much more rapid in the industrial than the commercial sector. This was the phase – which continued throughout the '60s – of the race to the sea of basic industries: with progressive recourse to the supply of raw materials from third world countries, with industries abandoning inland sites and moving onto the coast. The requirement arose, therefore, of a second expansion of Marghera. To promote and manage this, the role of the Industrial Port Company was taken over by a public Consortium formed by the Chamber of Commerce, the Town Council, the Province and the Port Superintendency. The Consortium worked out a detailed plan of use for the second industrial area which, to tell the truth, had already been foreseen by the plan of 1925 although with a slightly different lay-out. 16 firms established themselves there, in practice filling up the zones available even if they did not manage to use fully the areas assigned to them. At the same time reconstruction work and development of the commercial port equipment was carried out regarding the wharves and warehouses of the Western quay, the development of the commercial bay of Marghera, the renewal of the silos, warehouses and loading/unloading equipment, and the restructuring of the Eastern quay.

With Zone II full and in the presence of strong demand for industrial port areas, it was natural to propose a further expansion of Marghera where 4,000 hectares were indicated in 1963, almost all state owned, situated to the south of the second industrial zone and the Naviglio di Brenta. A new Consortium was constituted by law substituting the previous one and including a new member –

poi non riuscirono a utilizzare appieno le superfici ad esse assegnate.
Nel contempo vennero svolti anche lavori di ricostruzione e potenziamento delle attrezzature portuali commerciali, relativi alle banchine e i magazzini del molo di Ponente, al potenziamento del bacino commerciale di Marghera, al rinnovo di silos, magazzini e mezzi di carico e scarico, alla ristrutturazione del molo di Levante.

Con l'esaurimento della II zona e in presenza di una forte domanda di aree portuali industriali, fu naturale proporre una ulteriore espansione di Marghera, per la quale vennero individuate nel 1963 un complesso di 4.000 ha, quasi tutti demaniali, siti a sud della seconda zona industriale e del Naviglio di Brenta. Fu costituito per legge un nuovo Consorzio, in sostituzione del precedente, comprendente oltre ai soci di quest'ultimo anche il Comune di Mira, sul cui territorio ricadeva la nuova terza zona.
Il piano regolatore del 1965 disegnò la III zona portuale industriale e previde di riportare a Malamocco l'ingresso portuale principale per Marghera.
La ragione di questo ritorno stava nell'esigenza di fondali più profondi, necessari per l'evoluzione del moderno naviglio a carico sia secco che liquido, e soprattutto in quella di una maggiore sicurezza, che il tragitto dal Lido a Marghera, attraverso il bacino San Marco e il canale della Giudecca, non poteva garantire.
Erano appena partiti i lavori di realizzazione della nuova espansione, che avvenne la tremenda mareggiata del 1966.
Molti imputarono agli interventi per l'ampliamento del porto e al nuovo canale Malamocco-Marghera la causa di quel tragico evento e più in generale l'aumento verificatosi negli ultimi anni del livello delle maree in laguna.
Il fatto che l'escavo del canale Malamocco-Marghera nel 1966 non fosse stato ancora iniziato – era stato scavato solo un piccolo tratto di canale davanti a Marghera in posizione del tutto ininfluente per l'idraulica lagunare – e che l'infittimento delle alte maree derivasse dalla

the Municipality of Mira – on whose territory the new zone was located. The urban development plan of 1965 outlined the industrial port Zone III and foresaw the movement to Malamocco of the main port entry to Marghera. The reason for this return to Malamocco was to be found in the necessity of deeper soundings because of the evolution of the modern freighter for both dry and liquid loads, above all for greater safety which the route from the Lido to Marghera across St. Mark's Bay and the Giudecca Canal could not guarantee. Work had just begun on the new expansion when there was the disastrous seastorm of 1966.
Many blamed the port enlargement work and the new Malamocco-Marghera canal as the cause of that tragic event and, more in general, for the increase in sea level over the last few years in the lagoon. The fact that the excavation of the Malamocco-Marghera canal had not yet been started in 1966 – a small tract of canal in front of Marghera had been excavated, but in such a position as to be completely without influence on the lagoon hydraulics – and that very quickly the cause of the increase of flood tides was ascertained as deriving from the subsidence of lagoon territory following the withdrawal of water from the subsoil, could not halt the prevailing thesis of those who did not want the expansion of Zone III. Thus, after an extenuating debate, at the end of the '80s, its realisation was finally given up. However, the Malamocco-Marghera canal had been excavated, and the petrol port of San Leonardo had been built, connected to a pipeline to the refinery of the industrial Zone I. These works were to prove decisive both for the improved access to the port and its safety.
The climate of hostility towards the expansion of the industrial Zone III reflected also, unfortunately, on the activities of Zones I and II held by many to be a presence incompatible with the safeguarding of the delicate and precious lagoon environment. Other factors were added to this – international competition, changes in the international distribution of work, and production capacity levels higher than the demands of the market – which stopped the rush of industries to the sea seen in

subsidenza del territorio lagunare, conseguente agli emungimenti d'acqua dal sottosuolo, non impedirono il prevalere delle tesi di chi non voleva l'espansione in III zona. Così, dopo un estenuante dibattito, alla fine degli anni '80 si rinunciò definitivamente alla sua realizzazione. Era stato tuttavia scavato il canale Malamocco-Marghera ed era stato costruito il porto petroli di San Leonardo, collegato con un oleodotto alla raffineria della I zona industriale. Queste opere si rivelarono determinanti sia per il miglioramento dell'accesso al porto sia per la sicurezza.

Il clima di ostilità all'espansione in III zona industriale interessò purtroppo anche le attività della I e della II, ritenute da molti una presenza incompatibile con la salvaguardia dell'ambiente delicato e pregiato della laguna.

A questo si aggiunsero altri fattori – la concorrenza internazionale, i cambiamenti nella distribuzione internazionale del lavoro, il raggiungimento di livelli di capacità produttiva superiori alla domanda del mercato – che fecero cessare la corsa delle industrie al mare, cui si era assistito nel 1960.

Tutto ciò impedì o rallentò i programmi di sviluppo delle industrie già insediate, alcune delle quali anzi cessarono la produzione.

Marghera fu quindi investita da una crisi senza precedenti che la portò da un massimo di 31.000 addetti raggiunti nel 1970 a un minimo storico per questo dopoguerra di 13.900, toccato nel 1994.

Anche il traffico ne risentì, anche se in ritardo: in effetti il movimento del porto industriale crebbe sino al 1981, quando registrò il suo record storico con 22.400.000 tonnellate, per calare successivamente sino alle 17.600.000 tonnellate del 1994.

Attualmente, consolidati i processi di ristrutturazione dei principali insediamenti, avviati quelli di conversione di molte attività, disposti i programmi per la promozione di nuove attività, le zone industriali lagunari sono tuttavia in grado di affrontare il futuro con certe prospettive di sviluppo.

Anche le vicende del porto commerciale furono in questi anni drammatiche.

L'amministrazione del porto subì crisi ricorrenti,

UN CENNO RIASSUNTIVO DELLA STORIA   A SUMMARY OF THE HISTORY

mentre il traffico non registrava quegli incrementi che la posizione geografica e anche le attrezzature del porto avrebbero dovuto permettere.

In realtà il condizionamento derivante dell'obbligo di servirsi della Compagnia lavoratori portuali ed in genere l'impostazione pubblicistica dello scalo, che si traducevano in alti costi e bassa efficienza, mettevano fuori mercato lo scalo veneziano, utilizzato solo dagli operatori che non potevano farne a meno. Lo dimostrava il successo avuto in quegli anni da alcuni scali limitrofi o vicini che, nonostante la dotazione di infrastrutture e di attrezzature di qualità enormemente inferiori, riuscivano a concorrere, vincendo, con Venezia, grazie esclusivamente a una migliore, o meno peggiore, organizzazione del lavoro portuale.

Con la riforma portuale avviata nel 1984 il porto commerciale venne però sottoposto a un'energica ristrutturazione. Fu un'operazione condotta con grande intelligenza. Il personale del Provveditorato e della Compagnia furono ridotti rispettivamente da 1.368 e da 1.498 unità, quanti erano all'inizio degli anni '80 a 243 e a 325 unità, praticamente senza un'ora di sciopero. Nel frattempo il traffico commerciale passò da 3.000.000 tonnellate a 5.250.000 tonnellate. Gran parte del merito fu del provveditore d'allora, Alessandro Di Ciò, impedito poi di portare a termine l'operazione di risanamento e rilancio da una mano omicida venuta dall'interno del porto, per il quale egli aveva dato così tanto.

Il Provveditorato al porto è stato quindi sostituito dall'Autorità portuale, che non ha più funzioni di gestione, ma funzioni di programmazione promozione, coordinamento e controllo. Le attività operative sono affidate alle imprese portuali, inserite ormai a pieno titolo nell'attività dello scalo.

Con ciò può essere ritenuta conclusa la ristrutturazione del porto commerciale, che quindi è pronto a rispondere alla domanda di servizi, che il suo entroterra – costituito dalle regioni europee con maggiore propensione allo sviluppo – gli propone.

Gli effetti del risanamento del settore commer-

1960. All this hindered or slowed the development programmes of industries already established, some of which, in fact, stopped production. Marghera was hit by an unprecedented crisis which took it from a maximum of 31,000 employees in 1970 to a historic minimum in this post-war period of 13,900 in 1994. Traffic has also felt a difference, although later: in effect, the movement of the industrial port increased until 1981 when it reached its historic record of 22,400,000 tons, falling to 17,600,000 tons in 1994. At the moment, having consolidated the processes of re-structuring of the main establishments, the conversion of many activities being well under way and programmes laid out for the promotion of new activities, the industrial zones of the lagoon are able to face the future with sure prospects of development.

The vicissitudes of the commercial port were also dramatic in these years. The port administration suffered recurrent crises, while the traffic did not register those increases that the geographical position and the port facilities should have permitted. Actually, the condition deriving from the obligation to use the Company of Dockers and in general the public-style setting-up of the port of call, which translated into high costs and low efficiency, put the Venetian port of call out of the market, and it was used only by those operators who were compelled to do so. This is demonstrated by the success in those years of other ports of call adjacent or near-by which in spite of enormously inferior infrastructures and equipment managed to compete successfully with Venice thanks exclusively to a better – or less worse – organisation of port work. With the port reform which started in 1984 the commercial port was subjected to a vigorous re-structuring. It was an operation conducted with great intelligence: the personnel of the Superintendency and the Company were reduced respectively from 1,368 and 1,498 at the beginning of the '80s to 243 and 325 practically without an hour's strike and, in the meantime, the commercial traffic passed from 3,000,000 tons to 5,250,000 tons thanks mainly to the Superintendent of that time, Alessandro Di Ciò, who was not allowed to terminate the re-organisation and re-launching operation due to

ciale del porto condotto in questi ultimi anni sono già emersi a livello di traffico: esso è ripreso a salire e nel 1996 ha toccato il suo record storico con oltre 7.150.000 tonnellate.

his assassination by a port member, a port to which Di Ciò had given so much.
The Superintendency of the Port has been substituted by the Port Authority which no longer has management functions but deals with programming, promotion, co-ordination and control. The operation activities have been entrusted to port businesses now fully inserted into the work of the port of call. This can be considered the conclusion of the re-structuring of the commercial port which is, therefore, ready to respond to the demand for services from the hinterland formed by the European regions with a greater propensity for development. The effects of the re-organisation of the commercial sector of the port carried out in these last few years can already be seen in the levels of traffic: it is increasing again and in 1996 it reached its historic record of more than 7,150,000 tons.

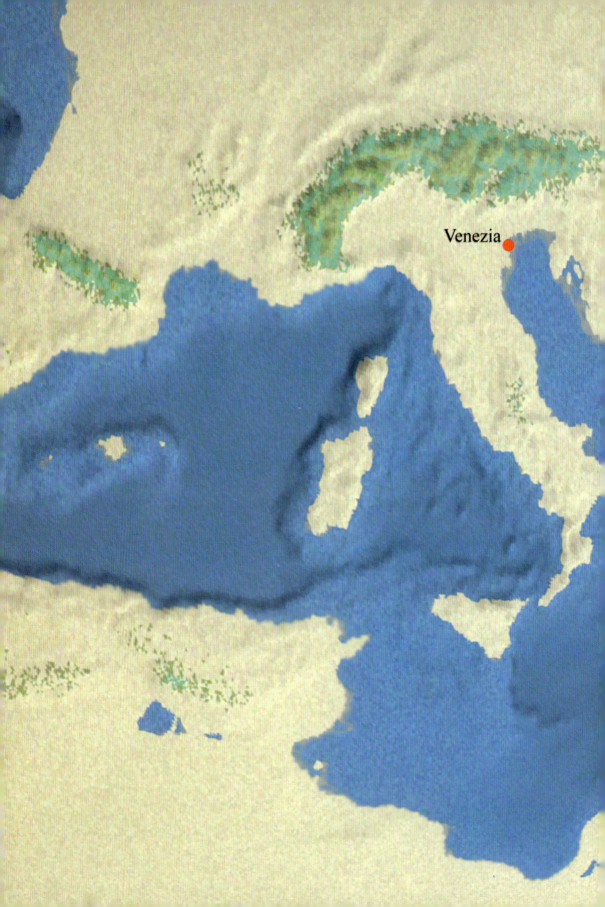

I.
Caratteristiche generali
General Characteristics

I.1. POSIZIONE GEOGRAFICA

La posizione geografica del porto di Venezia è data dalle seguenti coordinate:
Latitudine 45° 26' nord
Longitudine 12° 20' Est Greenwich
Il porto è situato al centro della laguna di Venezia, che è separata dal mare da una lunga e sottile striscia di terra interrotta in tre punti, corrispondenti alle bocche portuali di Lido, Malamocco, Chioggia. Queste sono difese da dighe orientate per NW.

I.2. CARATTERISTICHE METEOROLOGICHE

Nei mesi invernali predominano i venti nord-orientali e in quelli estivi i meridionali, con velocità e frequenze peraltro, che non disturbano il transito e l'ormeggio delle navi.
Le temperature medie, invernali primaverili estive e autunnali, si aggirano rispettivamente attorno a 4, 12, 22, 13 gradi centigradi.
Le precipitazioni piovose medie si aggirano attorno a 820 mm/anno.
L'umidità relativa è mediamente del 77%.
Si registrano mediamente nell'anno 113 giorni di cielo sereno, 125 di cielo nuvoloso, 118 di cielo coperto, 8 di invisibilità con nebbia.
Le caratteristiche meteorologiche medie possono quindi essere definite come buone.

I.3. CORRENTI E MAREE

La laguna di Venezia, dove si trova il porto, è sottoposta all'onda di marea dell'Alto Adriatico, che arriva pressochè contemporaneamente alle tre bocche di porto.

GEOGRAPHICAL POSITION

The geographical position of the Port of Venice is as follows:
Latitude 45°26' North
Longitude 12°20' East of Greenwich
The port is situated at the centre of the Venice lagoon which is separated from the sea by a long narrow strip of land interrupted in three points corresponding to the openings at the Lido, Malamocco and Chioggia. They are protected by breakwaters oriented towards NW.

CLIMATE

In the winter months north-east winds prevail, and in summer those from the south; however, their speed and frequency do not disturb transit or anchorage of vessels. The average winter, spring, summer and autumn temperatures are around 4, 12, 22 and 13 °C. The average annual rainfall is around 820 mm. The average relative humidity is around 77%. There are 113 sunny days per year on average; 125 cloudy days; 118 overcast days and 8 days of fog. The average climate can therefore be defined as good.

CURRENTS AND TIDES

The Venice lagoon, where the port is situated, is subject to the tides of the High Adriatic which arrive more or less simultaneously at the three port entrances. The average tide excursion in the

L'ampiezza di marea media annua in laguna è di 50 cm, mentre quelle media alle sizigie e alle quadrature sono rispettivamente di 70 e 30 cm. Le massime alte maree si hanno dopo l'equinozio di autunno negli ultimi tre mesi dell'anno: la marea massima di 1,94 m sopra il l. m. m. è stata registrata il 4 novembre 1966, mentre la minima di 1,21 m sotto il l. m. m. si è verificata il 14 febbraio 1934.
La velocità di corrente alle bocche di porto conseguente alla marea può raggiungere 3 nodi alla bocca di Lido e 4 nodi a quella di Malamocco.

1.4. RADA

A nord della bocca di porto di Lido la costa si mantiene bassa, sabbiosa e pianeggiante, mentre a sud si estendono le isole di Lido e Pellestrina, divise dalla bocca di porto di Malamocco, che costituiscono l'argine naturale della laguna.
I fondali vanno leggermente digradando fino a raggiungere la batimetria di 10 m a una distanza di circa 2 miglia dalla costa e sono quasi del tutto sabbiosi: i canali interni lagunari hanno fondali melmosi.
La salinità media dell'acqua si aggira intorno al 28‰.

1.5. ZONA DI ATTESA PER LE NAVI

Le navi in attesa di recarsi agli ormeggi operativi del porto debbono ancorare in mare nei paraggi delle bocche di porto di Lido e Malamocco, in zone, tutte con fondo buon tenitore, individuate dall'ordinanza della Capitaneria di Porto di Venezia n.74 del 1991.
Gli ancoraggi sono distinti a seconda che la stazza lorda delle navi sia inferiore o no alle 5000 t.
Zone particolari sono assegnate per l'ancoraggio di navi trasportanti liquidi pericolosi e gas e per l'allibo delle petroliere.
Ancoraggi per navi, che non trasportino merci pericolose, sono disponibili anche in varie zone interne alla laguna.

---

lagoon is 50cm while the average of the spring and neap tides are respectively 70 and 30cm. The highest tides are after the autumn equinox in the last three months of the year: the highest ever tide of 1.94 m above mean sea level was recorded on 4th November 1966 whilst the historic minimum of 1.21 m under mean sea level occurred on 14th February 1934. The speed of the current following the tide can reach 3 knots at the Lido entrance and 4 knots at Malamocco entrance.

HARBOUR

North of the Lido port entrance the coast is flat, level and sandy, while to the south lie the islands of Lido and Pellestrina, separated from each other by Malamoco port entrance. These low-lying, long, narrow, sandy stretches of land form a natural barrier between the lagoon and the open sea. The predominantly sandy sea bed slopes gently, reaching a depth of 10 metres at a distance of approximately 2 miles from the coast. Canals inside the lagoon are muddy bottomed. The average salinity of the water is around 28‰.

WAITING AREAS

The vessels awaiting mooring facilities in the port must anchor at sea in the vicinity of the port entrances at Lido and Malamocco in areas - all with excellent sea-bed anchorage - indicated by the regulation Nr. 74 of 1991 of the Venice Harbour Office. The anchorages are distinguished above or below 5,000 tons gross tonnage. Particular areas are assigned for anchorage of vessels transporting dangerous liquids or gas and for the load-lightening of petrol tankers. Further anchorage is available in various parts of the lagoon for vessels which do not transport dangerous loads.

Venezia e il suo porto dal satellite   *Venice and its port from the satellite*

1.6. ACCESSI AL PORTO   PORT APPROACHES

Sono due gli accessi al porto di Venezia, il Canal Porto di Lido e il Canal Porto di Malamocco. Essi sono segnalati al largo dalle boe di atterraggio e di introduzione.
La declinazione magnetica nella zona compresa tra le due bocche era all'1-1-1985 di 1° ovest. La disponibilità di due accessi portuali distinti offre particolari garanzie di sicurezza e consente di organizzare razionalmente il traffico secondo il tipo di navi e i luoghi di atterraggio e di accosto. Le navi dirette a porto Marghera devono utilizzare di norma la bocca di porto di Malamocco.
Un insieme di fari (faro del porto di Lido, Faro aereomarittimo di Murano, Faro Rocchetta presso il porto di Malamocco) servono la navigazione al largo.
Per la guida delle navi in atterraggio alle rade di

There are two accesses to the port of Venice: Canal Porto di Lido and Canal Porto di Malamocco. The entrance to these canals is indicated by marker buoys. Magnetic declination in the area between the two entrances was (1/1/85) 1° West. The availability of two separate port approaches is a guarantee of security and allows a rational organisation of traffic according to the type of vessel and shipping movement and place of mooring. The vessels directed to Marghera port must generally use the Malamocco approach. A set of lighthouses (Lido Port Lighthouse, Murano Lighthouse, Rocchetta Lighthouse near the port of Malamocco) are used by vessels in navigation. To guide shipping movements in the Lido and Malamocco roadsteads there are two radar responder beacons (Racon): at the end of the north breakwater of

Lido e Malamocco esistono due risponditori radar (Racon) sulle estremità rispettivamente della diga nord del Lido (segnale di risposta: *V*) e della diga nord di Malamocco (segnale di risposta: *M*).

1.6.1. Il Canal Porto di Lido

È la via d'acqua principale di accesso alla zona portuale del centro storico: attraverso essa passa quindi quasi tutto il traffico passeggeri.

Il canale ha un fondale di m 12 sotto il l. m. m., è largo m 150 ed è delimitato nella parte a mare da due dighe orientate per NW, lunghe quella nord 3.635 m e quella sud 3.155 m.

La bocca di Lido è mantenuta aperta alla navigazione da una cunetta mantenuta per ora a m 10,60 sotto il l. m. m, larga m 150 e che si spinge in mare dalla testata delle dighe per oltre due chilometri.

1.6.2. Il Canal Porto di Malamocco

Il Canal Porto di Malamocco è la via d'accesso preferenziale al Porto di San Leonardo e alle zone portuali di terraferma a Marghera: per esso transita la gran parte del traffico commerciale e la quasi totalità di quello industriale.

Il canale ha fondali di m 14,50 sotto il l. m. m. sino al porto di San Leonardo, riservato esclusivamente al traffico di idrocarburi, e di m 12 sotto il l. m. m. sino a Marghera, con una larghezza variabile da m 200 a 60.

Esso è delimitato nella parte a mare da due dighe orientate per NW, lunghe quella nord 2.122 m e quella sud 956 m.

L'interrimento ha ridotto in qualche tratto la sezione del canale tra San Leonardo e Marghera, per cui il pescaggio attualmente ammesso per le navi dirette a Marghera è limitato a 30'. Sono in corso i lavori di manutenzione per ripristinare il fondale di m 12 sotto il l. m. m.

Esso è segnalato per tutta la sua lunghezza con lampade a vapori di sodio, mentre la navigazione è guidata da un sistema radar Selescan 10124 Arpa display della Selesmar, che fornisce alle navi in avvicinamento, che li richiedano, tutti i dati necessari ad un sicuro atterraggio anche in

the Lido (reply signal 'V') and the Malamocco northern breakwater (reply signal 'M').

Canal Porto di Lido

This is the main sea approach to the historic centre commercial port area through which passes almost all the passenger traffic. The canal has a sea bed of 12 m below mean sea level, is 150 m wide and is marked seaward by two breakwaters oriented NW, the northern one 3,635 m long, the southern one 3,155 m long. The Lido access is kept open to shipping by a 150 m channel, maintained for the moment at 10.6 m below mean sea level, extending for more than 2 km into the open sea from the breakwater head.

Canal Porto di Malamocco

This canal is the principal water access to the San Leonardo port and the mainland port areas of Marghera; the main part of commercial traffic and almost all industrial traffic use it. The depth is 14.5 m below mean sea level up to San Leonardo port, reserved exclusively for hydrocarbon traffic and 12 m below mean sea level as far as Marghera; the width is variable from 200 to 60 m.

Silting-up has in some parts reduced the depth of the San Leonardo and Marghera canals so that the present draft admitted for ships directed to Marghera is 30'. Maintenance work is in progress to repristine the seabed of 12 m below mean sea level.

Seaward there are two breakwaters oriented NW, the northern one 2,122 m long, the southern one 956 m. The whole length is marked by sodium vapour lamps while navigation is guided by a system of radar Selescam 10124 Arpa display by Selesmar which supplies approaching vessels on request with all the data necessary for a safe anchorage in times of fog or scarce visibility. The radar station is equipped with a VHF radiogoniometer to pinpoint the approaching vessels and guide them as far as the piloted waters

La bocca di porto di Malamocco. In basso: difese a mare del litorale con l'ingresso portuale di Malamocco e la torre dei piloti sullo sfondo

Malamocco port opening. Below: sea defences of the littoral with the Malamocco port entrance and the pilots' tower in the background

La bocca di porto di Lido.
In basso: il litorale di Pellestrina
con il cantiere navale dell'isola

*Lido port opening.
Below: the Pellestrina littoral
with the island's shipyard*

tempo di nebbia e comunque di scarsa visibilità. La stazione radar è munita di strumenti radiogoniometrici atti ad individuare la direzione di provenienza delle trasmissioni VHF delle navi in avvicinamento e la guida delle stesse sino alle acque di pilotaggio o alle zone di ancoraggio obbligatorie.

Tali impianti sono allestiti, assieme a varie apparecchiature mareografiche, mareometriche e anemometriche, sulla torre piloti, situata alla radice della diga nord in località Alberoni.

or the areas of compulsory anchorage. The plants are housed, together with various mareographic and tide measuring instruments, in the pilots' tower situated on the northern breakwater at Alberoni.

1.7. I CANALI INTERNI E LE AREE PORTUALI[1]

Dalle bocche di porto di Lido e Malamocco si diparte la rete di canali interni, che ha uno sviluppo di 96 km, con profondità variabili da m 14,50 a m 10 sotto il l. m. m. e che permette di raggiungere le zone portuali di Venezia centro storico e di terraferma.

INTERNAL CANALS AND PORT AREAS[1]

Starting from the Lido and Malamocco entrances there is a 96 km network of internal canals with a depth variable from 14.5 to 10 m below mean sea level giving access to the port areas of the historic centre of Venice and the mainland.

1.7.1. Venezia centro storico

La zona portuale di Venezia centro storico, che comprende la Marittima nonché le aree di San Basilio e Santa Marta è sorta tra il 1869 e il 1915, è sita al margine ovest del centro insulare, in prossimità dello scalo ferroviario. Essa si estende per 53 ha e dispone di 3850 m di banchine. Alla Marittima fa capo quasi tutto il traffico passeggeri e circa 500.000 t/anno di traffico commerciale, prevalentemente merci varie.

Nel centro insulare vi sono altri punti di attracco per navi passeggeri in riva dei Sette Martiri e in riva San Biagio.

Historic centre

The port area of Venice historic centre, which includes 'Marittima' as well as the areas of San Basilio and Santa Marta established between 1869 and 1915 is situated at the western edge of the old city near the railway station. Extending over 53 hectares with 3,850 m of wharves, it is used by almost all the passenger traffic and about 500,000 tons of commercial traffic of various goods. In the historic centre there are also other moorings for passenger ships at Riva dei Sette Martiri and Riva San Biagio.

1.7.2. Marghera

La zona portuale di Marghera è sorta dopo il 1920 per assicurare a Venezia la possibilità di uno sviluppo del porto e delle industrie distante dal centro storico, onde salvaguardarne l'eccezionale valore storico artistico. In effetti questa localizzazione ha permesso a Venezia, diver-

Marghera

The port area of Marghera arose after 1920 to assure Venice of the possibility of the development of the port and industries at a distance from the historic centre while at the same time protecting the exceptional artistic and historic value of the old city itself. In fact, the siting of Marghera has

---

[1] Per una descrizione più dettagliata delle zone industriali vedi capitolo *Le funzioni e i settori portuali*.

[1] *For a more detailed description of the industrial zones see:* Port Sectors.

samente dalle altre grandi città storiche europee, di arrivare ai nostri giorni senza subire le trasformazioni urbane conseguenti allo sviluppo economico e produttivo di questo secolo.
Oggetto di una crescita pressoché continua sino agli anni '80, la zona di Marghera è stata sottoposta ad una profonda ristrutturazione delle sue parti industriali che non è ancora conclusa. Il suo assetto definitivo vedrà una maggiore presenza delle attività commerciali che anche in queste fasi di trasformazione hanno dimostrato una forte capacità espansiva.
La zona di Marghera è localizzata in terraferma in prossimità di Mestre e si estende per circa 1.550 ha, 200 dei quali sono riservati al settore commerciale, mentre il resto ospita stabilimenti industriali. Si prevede in futuro un sostanziale aumento delle aree riservate al traffico commerciale.

1.8. RETROTERRA

Il porto di Venezia è situato allo sbocco sul mare della pianura padana, che costituisce con le altre Regioni dell'Italia del nord e l'Europa centrale il suo naturale entroterra: ferrovie, autostrade, idrovie attrezzano funzionalmente questo territorio e ne garantiscono il miglior collegamento con lo scalo lagunare.
In particolare il territorio del nord-est – Veneto, Trentino Alto Adige, Friuli Venezia Giulia – e la Lombardia, che per il loro aggressivo e costante sviluppo sono la vera locomotiva dell'economia italiana, costituiscono il nocciolo duro di questo entroterra, con una popolazione di 15.476.000 abitanti e di 1.162.000 aziende attive (un'azienda ogni 13 abitanti circa!). Questo territorio – almeno per la maggior parte della sua estensione – costituisce un mercato potenzialmente esclusivo per le attività portuali veneziane.

1.9. AVANMARE

L'avanmare del porto di Venezia è rappresentato prevalentemente dalle regioni italiane che si

allowed Venice – differently from other great historic European towns – to reach us today without suffering the urban transformations which have followed the economic and productive developments of this century. Marghera grew almost continuously until the '80s and has been subjected to a deep re-structuring of the industrial parts which is still not finished. Its final form will contain a greater presence of commercial activities which in this phase of transformation have shown themselves strongly expansive. Marghera is sited on the mainland near Mestre and extends for about 1,550 hectares, 150 of which are reserved for the commercial sector while the rest contains industrial plants. A large increase in the area reserved for commercial traffic is forseen in the near futute.

HINTERLAND

Venice port is situated at the sea outlet of the Paduan plain which, together with the other Regions of Northern Italy and Central Europe, form its natural hinterland. Railways, motorways and inland waterways equip this territory functionally and guarantee the best link with the lagoon port of call. In particular the North-East (Veneto, Trentino Alto Adige, Friuli Venezia Giulia) and Lombardy, which because of their aggressive and constant development are the real engine of the Italian economy, form the hard core of this hinterland with a population of 15,476,000 inhabitants and 1,162,000 active firms (one firm every 13 inhabitants!). The greater part of this territory constitutes a potentially exclusive market for the port activities of Venice.

SEA LOCATION

The principal sea routes for Venice port are the Italian Regions facing the Adriatic and the Ionian,

affacciano sull'Adriatico e sullo Ionio, dai paesi mediterranei, da quelli del Medio Oriente, da quelli dell'Africa orientale, e da quelli del sud e del sud-est dell'Asia: esso si colloca quindi su direttrici, paesi sviluppati-paesi in via di sviluppo o di nuovo sviluppo, che presentano un grande interesse commerciale, sia attuale che in prospettiva.

La sua localizzazione, al termine del mare Adriatico e allo sbocco della val Padana, è la più privilegiata del costituendo Corridoio Adriatico, perché consente di utilizzare al massimo il vettore marittimo e di ridurre all'indispensabile le tratte terrestri.

Anche per quanto riguarda il traffico passeggeri, oggi quasi tutto crocieristico, l'avanmare del porto di Venezia è di grande interesse, comprendendo le regioni adriatiche e mediterranee, tradizionali e privilegiate mete turistiche.

Mediterranean and Near-East countries, East Africa and those of the South and South-East Asia. Thus Venice is situated on the main highway of the developed, developing and newly-developing countries constituting great commercial possibilities both now and in the future.

Its location at the end of the Adriatic and at the mouth of the Paduan Valley is the most highly privileged of the Adriatic Corridor which is forming because it permits the maximum use of the maritime vector and reduces land transport to the unavoidable. With regard to passenger traffic, nowadays almost all cruise lines, the location of Venice Port is of great interest and routes include the Adriatic and Mediterranean regions, traditional and privileged tourist destinations.

2.
I collegamenti con l'entroterra
Links with the Hinterland

La disponibilità di un efficiente sistema di infrastrutture di collegamento con il proprio retroterra rappresenta per un porto un fattore essenziale per sfruttare al massimo la propria posizione geografica e servire al meglio ed ampliare i propri mercati.

Il porto di Venezia è posto al centro di un ampio sistema di infrastrutture articolato ed integrato in tutti i modi di trasporto disponibili.

Sono in fase di progettazione e progressiva attuazione varie iniziative per potenziare ulteriormente le reti stradali, ferroviarie e idroviarie, nonché il sistema aereoportuale.

The availability of an efficient network of infrastructures linking the port with the hinterland represents an essential factor in exploiting to the maximum the geographical position, to serve and enlarge its markets to the best effect. Venice lies at the centre of an ample system of infrastructures, articulated and integrated with all means of transport. Various initiatives are being planned and implemented to develop further the road, rail and inland waterway networks as well as the airport system.

2.1. LA RETE STRADALE

ROAD SYSTEM

La rete autostradale consente di arrivare direttamente da Venezia alle più importanti città italiane ed europee.

Fittissima è anche la rete stradale statale e provinciale, che collega agevolmente Venezia a tutti i centri italiani.

I settori portuali della terraferma sono inseriti in modo diretto nella rete stradale e autostradale, mentre quelli del centro storico devono utilizzare il ponte della Libertà, al quale sono comunque collegati da un nuovo svincolo posto esclusivamente al loro servizio.

I grandi interporti veneti di Padova e Verona, che costituiscono importanti elementi motore di traffico, sono funzionalmente collegati al porto di Venezia.

Sono in progetto importanti ammodernamenti delle reti autostradale e stradale, tra i quali il passante del nodo di Mestre, la pedemontana (al servizio del grande sistema di piccole e medie industrie realizzatosi tra Vicenza e Treviso), la prosecuzione della autostrada Vicenza Pio-

The motorway network connects Venice directly with the most important Italian and European cities. A very dense network of main and provincial roads connects Venice easily with all Italian centres. The port sectors of the mainland are inserted directly in the road and motorway systems while those of the Old Town must use Liberty Bridge which, however, are connected by a new outlet reserved exclusively for the port. The great interports of Padua and Verona, forming the most important elements of traffic, are linked efficiently with Venice Port. Important works of modernisation of the motorway and road networks are planned, such as the Mestre by-pass, the 'Pedemontana' (foothills road) to serve the enormous number of small and medium-sized firms between Vicenza and Treviso, the lengthening of the Vicenza Piovene Rocchette motorway up to the Brenner, all of which will improve the regional transport system and the accessibility of the lagoon port of call.

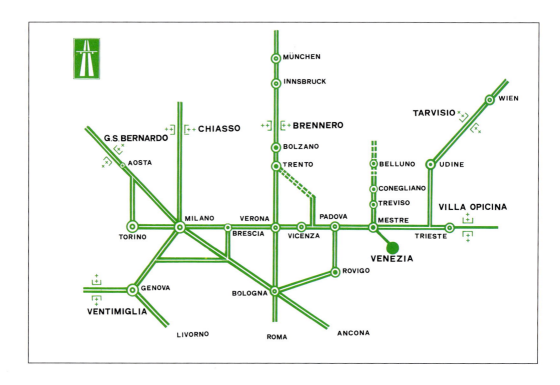

DISTANZE TRA VENEZIA (PIAZZALE ROMA) E L'ENTROTERRA ITALIANO ED EUROPEO PER AUTOSTRADA IN KM
DISTANCES IN KM BETWEEN VENICE (PIAZZALE ROMA) AND MAINLAND ITALIAN AND EUROPEAN CITIES MOTORWAY

Belluno	110	Augsburg	593
Bergamo	225	Basel	623
Bologna	155	Bellinzona	387
Bolzano	265	Bern	595
Brennero*	350	Bonn	1.060
Brescia	180	Frankfurt	949
Chiasso*	316	Genève	595
Cremona	225	Graz	440
Ferrara	115	Innsbruck	387
Mantova	155	Klagenfurt	287
Milano	270	Kufstein	456
Modena	200	München	529
Padova	40	Nürnberg	629
Parma	245	Regensburg	651
Piacenza	285	Rosenheim	483
Pordenone	95	Salzburg	546
Roma	520	Stuttgart	741
Rovigo	80	Villach	248
Tarvisio*	219	Wien	585
Trento	210	Zürich	561
Treviso	35		
Verona	115		
Vicenza	70		

* Varchi di frontiera / *Border.*
Fonte / *Source*: Touring Club Italiano.

vene Rocchette sino a quella del Brennero, che miglioreranno il sistema di trasporto regionale e l'accessibilità allo scalo lagunare.

2.2. LA RETE FERROVIARIA

Venezia è inserita in una fitta rete ferroviaria quasi tutta a doppio binario ed elettrificata: i collegamenti con le principali città italiane ed europee sono diretti. Frequente è il servizio con i centri regionali, che nella provincia di Venezia e in quelle contermini sta assumendo carattere metropolitano.
Sono in corso e in programma ampie opere per il raddoppio delle linee dove c'è congestione di movimento e per l'elettrificazione dei tratti minori, ove questo sistema di trazione non è ancora applicato.

RAILWAY

Venice is well situated in a dense rail network, almost all of which is double track and electrified. There are direct connections with the principal Italian and European cities, and frequent services to the regional and provincial centres which are assuming a metropolitan character. Work is in progress to double the tracks where there is congestion of movement and electrification of remaining minor tracts. The port area is connected to the general network with vast rail sidings for the operations of waiting, loading/unloading and train formation. The commercial port has two

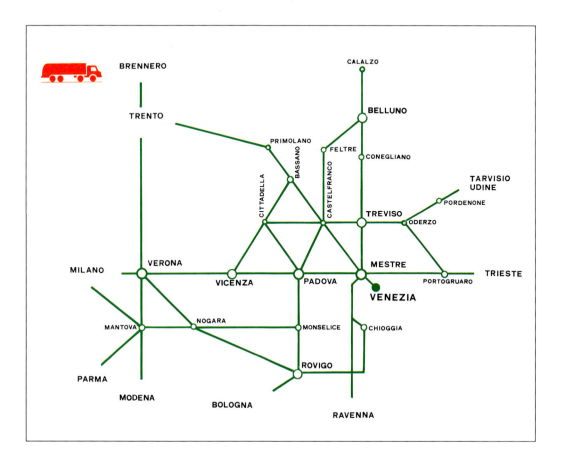

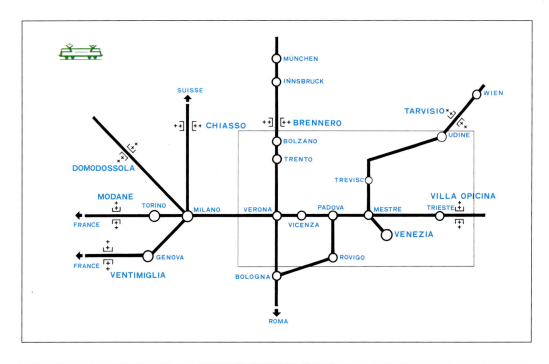
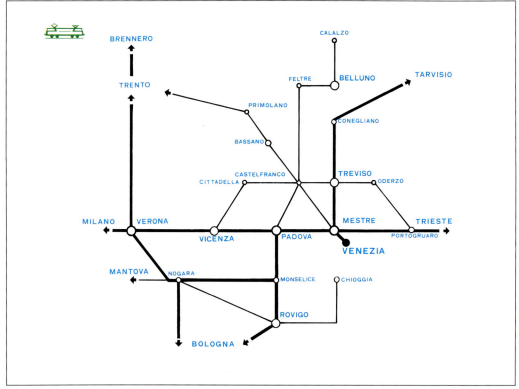

DISTANZE TRA VENEZIA (STAZIONE DI S. LUCIA) E L'ENTROTERRA ITALIANO ED EUROPEO PER FERROVIA IN KM
DISTANCES IN KM BETWEEN VENICE (S. LUCIA STATION) AND MAINLAND ITALIAN AND EUROPEAN CITIES RAIL

Belluno	116	Augsburg	629
Bergamo	234	Basel	616
Bologna	160	Bellinzona	374
Bolzano	266	Bern	581
Brennero*	357	Bonn	1.167
Brescia	184	Frankfurt	990
Chiasso*	319	Genève	634
Cremona	235	Graz	525
Ferrara	113	Innsbruck	394
Mantova	156	Klagenfurt	739
Milano	267	Kufstein	467
Modena	197	München	512
Padova	37	Nürnberg	766
Parma	250	Regensburg	700
Piacenza	307	Rosenheim	500
Pordenone	87	Salzburg	447
Roma	573	Stuttgart	748
Rovigo	81	Villach	259
Tarvisio*	231	Wien	602
Trento	211	Zürich	556
Treviso	30		
Verona	119		
Vicenza	67		

* Varchi di frontiera / *Border.*
Fonte / *Source*: F.S. / *State Railways.*

La zona portuale è collegata alla rete generale mediante vasti parchi ferroviari per le operazioni di sosta, di scambio e di formazione dei treni completi.
Il porto commerciale dispone di due stazioni ferroviarie: Venezia-Santa Lucia e Venezia-Mestre e di due sottostazioni Venezia-Marittima e Venezia-Molo A.
Tutti i più importanti insediamenti industriali di Porto Marghera sono raccordati alla ferrovia.

main railway stations: Venezia Santa Lucia and Venezia Mestre, with two sub-stations: Venezia Marittima and Venezia Molo A.
All the most important industrial plants of Porto Marghera are linked directly to the railway.

2.3. IL SISTEMA IDROVIARIO PADANO VENETO

PADANO VENETO INLAND WATERWAY SYSTEM

Venezia è il solo grande porto italiano inserito nel sistema idroviario padano veneto, che consente di giungere con chiatte fluviali della IV classe CEMT a importanti centri padani, come Ferrara Cremona, Mantova, realizzando rilevanti eco-

Venice is unique among major Italian ports in that it is connected to the Padano Veneto inland waterway system which allows river barges Class IV CEMT to reach important centres such as Ferrara, Cremona and Mantua allowing considerable

Lo svincolo autostradale di Marghera
e il parco ferroviario di Mestre

*Marghera motorway turn-off
and Mestre railway sidings*

Il canale navigabile Po Brondolo all'incrocio con il fiume Adige

The navigable Po Brondolo canal at the meeting with the river Adige

nomie sia in termini di costi operativi, che di costi esterni.
È in atto un vasto programma, finanziato dallo Stato e dalle Regioni Emilia Romagna, Lombardia, Veneto, per la realizzazione del sistema idroviario padano veneto, riconosciuto dalla legge 380/90 di preminente interesse nazionale.
In questo quadro è previsto, e in parte finanziato, il collegamento di Milano con il Po ed è in fase di avanzata realizzazione quello tra Padova e Venezia, mentre sta per essere ultimata l'idrovia Fissero-Tartaro-Canal Bianco-Po di Levante, che congiungerà direttamente le idrovie venete a Mantova, affiancandosi all'asta del Po.

economic savings both in terms of operating and external costs. A vast programme is under way, financed by the State and the Regions of Emilia Romagna, Lombardy and Veneto, to complete the Padano Veneto Inland Waterway System, recognised by law 380/90 to be of pre-eminent national interest. The Milan-Po link is foreseen by this plan, and partly financed by it; the Padua-Venice section is in progress, and the Fissaro-Tartaro-Canal Bianco-Po di Levante is almost finished which will directly connect the waterways of the Veneto with Mantua, alongside the existing Po route.

2.4. GLI OLEODOTTI

PIPELINES

Le zone industriali portuali di Marghera sono collegate via oleodotto con Mantova (123,5 km) per il trasporto del petrolio greggio, e con Mantova (146,5 km) e Ferrara (95 km) per quello

The industrial port areas of Marghera are connected by pipeline with Mantua (123.5 km) for the transport of crude oil, and with Mantua (146.5 km) and Ferrara (95 km) for ethylene,

dell'etilene, del propilene e di altri prodotti chimici.
Una pipeline per il trasporto del greggio collega il porto di San Leonardo con la raffineria AGIP Petroli sita nella prima zona industriale di Marghera.

propylene and other chemical products. A pipeline for the transport of crude oil connects Port S. Leonardo with the AGIP Petroli refinery situated in Industrial Zone I of Marghera.

2.5. I COLLEGAMENTI AEREI

AIR LINKS

Con quasi tre milioni di passeggeri per anno l'aeroporto Marco Polo di Venezia è uno dei principali aeroporti italiani, secondo, nel Nord Italia, solo a quelli milanesi.
Venezia è collegata direttamente più volte al giorno con le principali città italiane ed europee.
Molto intenso, soprattutto durante le stagioni turistiche, è il movimento charter.
L'aeroporto di Venezia svolge anche un discreto traffico merci.
A distanza molto vicina esistono altri scali aerei – Treviso-San Giuseppe, Trieste-Ronchi dei Legionari e Verona-Villafranca – che svolgono un notevole traffico nazionale e internazionale e che possono sostituire il Marco Polo in caso di chiusura per motivi meteorologici.

With almost 3 million passengers a year, Marco Polo Airport Venice is one of the main Italian airports, second only in north Italy to Milan. Venice is connected directly several times a day with the main Italian and European cities while there are very numerous charter flights, especially during the tourist season, and a sizeable freight sector. There are other airports in the vicinity (S. Giuseppe, Treviso; Ronchi dei Legionari, Trieste and Villafranca, Verona) with sizeable national and international traffic and which can substitute Marco Polo in case of closure for bad weather.

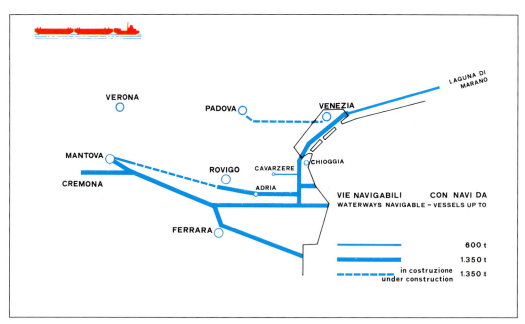

I COLLEGAMENTI CON L'ENTROTERRA — LINKS WITH THE HINTERLAND

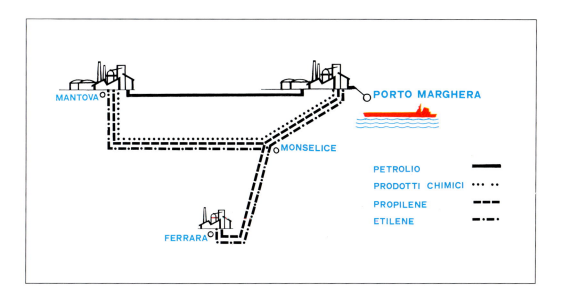

2.6. IL CORRIDOIO ADRIATICO

Il Corridoio Adriatico è un progetto, finanziato dall'Unione europea, per la realizzazione di un corridoio multimodale che unisca, passando per l'Adriatico, il centro Europa e il nord-est italiano con le regioni mediterranee, facilitando le relazioni di traffico attraverso la promozione dell'impiego del modo marittimo.
Dalla realizzazione del progetto, che prevederà interventi sulle infrastrutture e sulla organizzazione dei trasporti, deriveranno notevoli benefici per il porto di Venezia, che per trovarsi al termine dell'Adriatico, è in grado di sfruttare al meglio i vantaggi derivanti dall'utilizzo di vettori marittimi e quindi di proporsi, grazie anche ai suoi collegamenti stradali ferroviari e idroviari con il retroterra, come la testa di ponte del centro Europa, dell'area padana e del nord-est italiano per il trasporto con i paesi mediterranei.

THE ADRIATIC CORRIDOR

This is a project financed by the European Union to complete a multi-modal corridor uniting Central Europe and the North-East of Italy with the Mediterranean Regions, via the Adriatic, facilitating traffic movement through the promotion of sea transport. The project, which foresees interventions on the infrastructures and the organisation of transport, will produce remarkable benefits for the port of Venice which, situated at the end of the Adriatic, will be able to exploit the advantages deriving from the use of maritime vectors, and thus show itself, thanks to its road-rail-inland waterway links to the hinterland, to be the bridgehead of Central Europe, the Padana area and the North-East of Italy for transport with Mediterranean countries.

3.
Il traffico
Traffic

L'importanza di un porto dipende non solo dall'entità, ma anche dalla composizione del suo traffico.

Il valore aggiunto prodotto dalle attività portuali è molto diverso a seconda della natura della merce e del suo condizionamento: la movimentazione di una tonnellata di olio minerale vale, sotto questo profilo rispettivamente la metà e un decimo di una identica quantità di rinfuse secche o di merci in colli.

Determinante poi è il trattamento che nel porto subiscono le merci: il loro semplice deposito o anche il loro condizionamento comportano la creazione di valore aggiunto in misura molto inferiore che la loro trasformazione industriale. Queste considerazioni fanno ritenere che Venezia, anche se preceduto da altri scali considerando il mero dato quantitativo del traffico, si collochi ai primissimi posti della graduatoria per importanza dei porti italiani.

The importance of a port depends not only on its size but also on the composition of its traffic. The increased value produced by port activities is very different according to the type of the goods and their packing: the movement of a ton of mineral oil is worth half and a tenth, respectively, of an identical quantity of dry bulk goods or baled goods. The treatment the goods receive in the port is decisive: a simple warehousing or conditioning creates an increased value much less than would their industrial transformation. In the light of these facts, Venice is amongst the top Italian ports, even if other places deal with larger quantities of traffic.

3.1. IL MOVIMENTO NAVI

MOVEMENT OF SHIPS

Il movimento navi negli ultimi anni è in aumento in relazione allo sviluppo del traffico, anche se sono distanti i livelli degli anni '70 e '80, per l'aumento della stazza media delle navi.

The movement of ships in these late few years has increased due to development of traffic. However the levels of the '70s and '80s, are still distant, because of the increase in the average tonnage of the ships.

3.2. IL MOVIMENTO MERCI

MOVEMENT OF GOODS

Il traffico marittimo del porto di Venezia è stato nel 1996 di 24.054.000 t. Esso è sensibilmente inferiore del record storico raggiunto nel 1981, quando vennero raggiunte 26.412.000 t. Il risultato attuale deriva da una rilevante regressione del traffico industriale, diminuito di

The maritime traffic handled by the port of Venice was 24,054,000 tons in 1996, sensibly lower than the historic record reached in 1981 of 26,412,000 tons. The present result derives from a notable regression of industrial traffic which decreased by more than 5.5 million tons between 1981 and

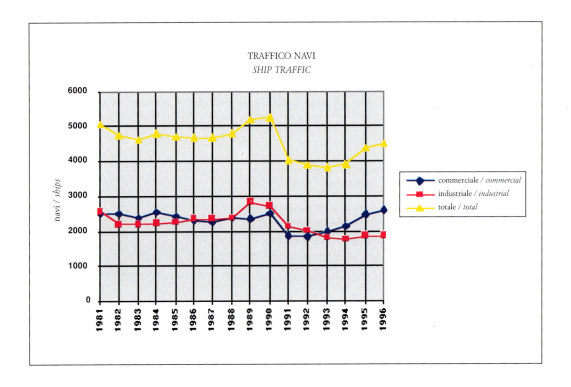

TAB. I.
TRAFFICO NAVI PER SETTORE
SHIP TRAFFIC BY SECTOR
numero navi / *number of ships*

anno year	commerciale commercial	industriale industrial	totale total
1981	2509	2561	5071
1982	2525	2216	4741
1983	2383	2218	4601
1984	2531	2256	4787
1985	2419	2273	4692
1986	2293	2365	4658
1987	2282	2377	4659
1988	2401	2390	4791
1989	2355	2835	5190
1990	2519	2721	5240
1991	1869	2160	4029
1992	1844	2030	3874
1993	1997	1819	3816
1994	2141	1783	3924
1995	2486	1870	4356
1996	2591	1890	4481

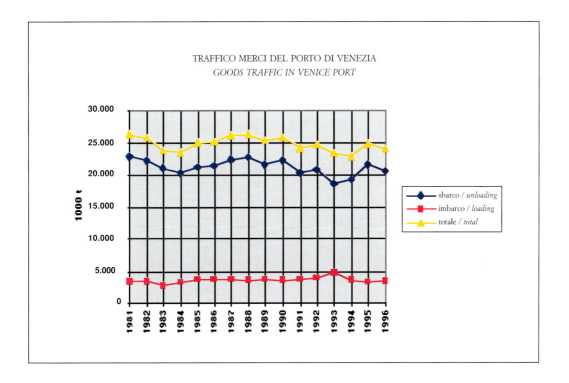

TAB. 2.
TRAFFICO MERCI PER SETTORE
GOODS TRAFFIC BY SECTOR
migliaia di tonnellate / *thousands of tons*

anno year	commerciale commercial			industriale industrial			totale total		
	sbarco unloading	imbarco loading	totale total	sbarco unloading	imbarco loading	totale total	sbarco unloading	imbarco loading	totale total
1981	2.884	1.048	3.932	20.043	2.471	22.514	22.927	3.519	26.446
1982	2.504	848	3.352	19.837	2.643	22.480	22.341	3.491	25.832
1983	2.177	1.010	3.187	18.905	1.855	20.760	21.082	2.865	23.947
1984	2.490	1.094	3.584	17.790	2.206	19.996	20.280	3.300	23.580
1985	2.472	1.405	3.877	18.863	2.383	21.246	21.335	3.788	25.123
1986	2.785	1.098	3.883	18.691	2.671	21.362	21.476	3.769	25.245
1987	3.207	869	4.076	19.226	2.943	22.169	22.433	3.812	26.245
1988	3.242	1.040	4.282	19.514	2.590	22.104	22.756	3.630	26.386
1989	3.378	996	4.374	18.305	2.771	21.076	21.683	3.767	25.450
1990	3.980	885	4.865	18.270	2.745	21.015	22.250	3.630	25.880
1991	3.635	1.242	4.877	16.712	2.594	19.306	20.347	3.836	24.183
1992	3.166	1.585	4.751	17.577	2.416	19.993	20.743	4.001	24.744
1993	3.563	2.309	5.872	15.129	2.406	17.535	18.692	4.715	23.407
1994	4.393	1.749	6.142	14.875	1.852	16.727	19.268	3.601	22.869
1995	5.566	1.470	7.036	16.073	1.741	17.814	21.639	3.211	24.850
1996	5.416	1.734	7.150	15.163	1.741	16.904	20.579	3.475	24.054

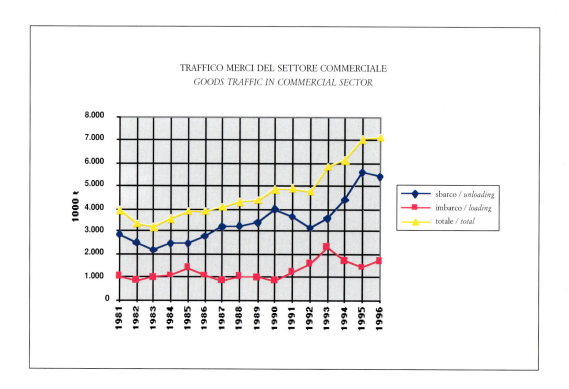

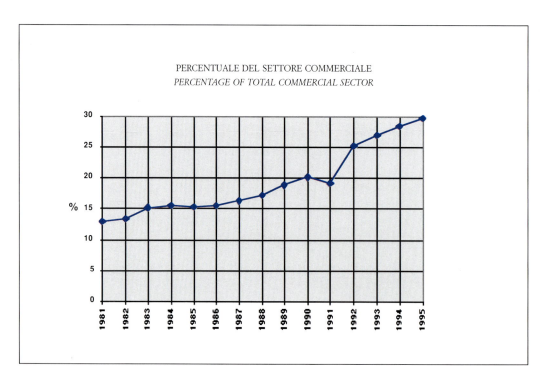

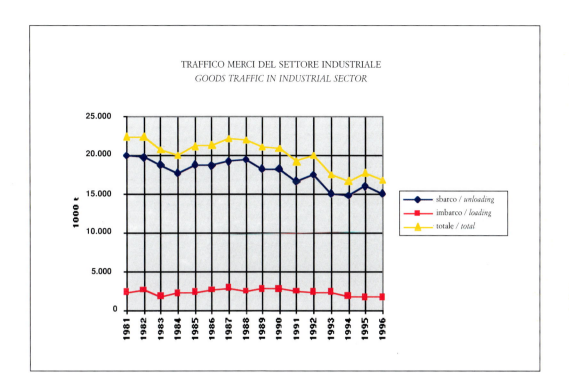

TAB. 3.
PERCENTUALE DEL SETTORE COMMERCIALE SUL TOTALE DEI TRAFFICI
PERCENTAGE OF TOTAL OF COMMERCIAL SECTOR

anno *year*	sbarco *unloading*	imbarco *loading*	totale *total*
1981	13	30	15
1982	11	24	13
1983	10	24	13
1984	12	33	15
1985	12	37	15
1986	13	29	15
1987	14	23	16
1988	14	29	16
1989	16	26	17
1990	18	24	19
1991	18	32	20
1992	15	40	19
1993	19	49	25
1994	23	49	27
1995	26	46	28
1996	26	50	30

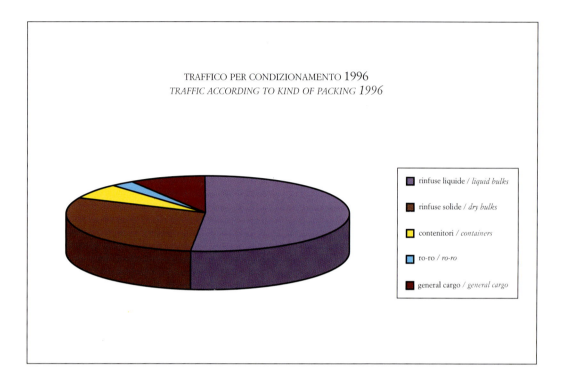

TAB. 4.
TRAFFICO MERCI DEL PORTO DI VENEZIA PER CONDIZIONAMENTO
GOODS TRAFFIC OF VENICE PORT ACCORDING TO KIND OF PACKING
tonnellate di merci / *tons of goods*

	sbarchi / *unloading*		imbarchi / *loading*		totale / *total*	
	1995	1996	1995	1996	1995	1996
rinfuse liquide / *liquid bulks*	11.458.985	11.585.890	892.285	911.688	12.351.270	12.497.587
rinfuse solide / *dry bulks*	7.815.836	6.940.459	595.619	497.919	8.411.455	7.438.378
container / *containers*	292.057	349.695	719.961	944.268	1.012.018	1.293.963
ro-ro / *ro-ro*	202.614	196.597	270.889	274.166	473.503	470.763
general cargo / *general cargo*	1.869.760	1.505.985	732.222	847.125	2.601.982	2.353.110
TOTALE / *TOTAL*	21.639.252	20.578.626	3.210.976	3.475.166	24.850.228	24.053.792

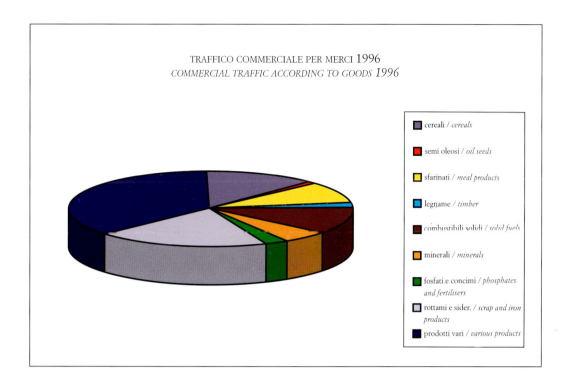

TRAFFICO COMMERCIALE PER MERCI 1996
COMMERCIAL TRAFFIC ACCORDING TO GOODS 1996

TAB. 5.
TRAFFICO DEL SETTORE COMMERCIALE DEL PORTO DI VENEZIA
TRAFFIC OF COMMERCIAL SECTOR OF VENICE PORT
tonnellate di merci / *tons of goods*

	sbarchi / *unloading*		imbarchi / *loading*		totale / *total*	
	1995	1996	1995	1996	1995	1996
cereali / *cereals*	828.731	986.064	58.134	32.574	886.865	1.018.638
semi oleosi / *oil seeds*	8.882	6.651	0	0	8.882	6.651
sfarinati / *meal products*	584.433	573.292	71.064	50.302	655.497	623.594
legname / *timber*	5.216	22.168	0	0	5.216	22.168
combustibili solidi / *solid fuels*	664.466	717.636	0	0	664.466	717.636
minerali / *minerals*	497.325	469.327	5.326	5.897	502.651	475.224
fosfati e concimi / *phosphates and fertilisers*	255.040	242.796	0	1.330	255.040	244.126
rottami e sider. / *scrap and iron products*	1.620.635	1.304.192	108.453	128.049	1.729.088	1.432.241
prodotti vari / *various products*	1.101.316	1.093.806	1.227.320	1.516.310	2.328.636	2.610.116
TOTALE / *TOTAL*	5.566.044	5.415.932	1.470.297	1.734.462	7.036.341	7.150.394

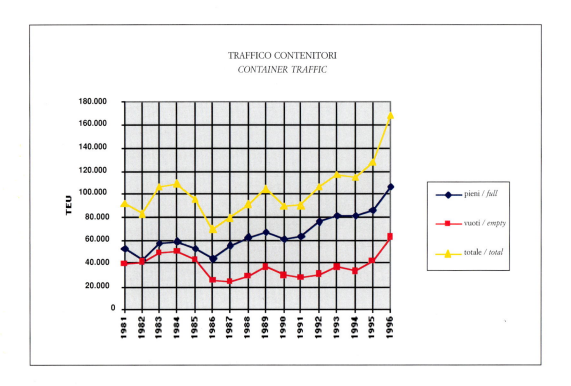

TAB. 6.
TRAFFICO CONTENITORI
CONTAINER TRAFFIC
numero TEU 20' / *number of* TEU 20'

anno year	pieni full	vuoti empty	totale total	% vuoti % empty
1981	53.007	39.349	92.356	43
1982	42.583	40.962	83.545	49
1983	57.034	49.590	106.624	47
1984	59.356	50.122	109.478	46
1985	52.616	43.149	95.765	45
1986	44.256	25.464	69.720	37
1987	55.372	24.484	79.856	31
1988	62.489	28.742	91.213	32
1989	67.543	36.967	104.510	35
1990	60.531	29.322	89.853	33
1991	63.395	27.376	90.771	30
1992	76.285	30.223	106.508	28
1993	81.261	36.320	117.581	31
1994	81.557	33.099	114.656	29
1995	86.091	41.787	127.878	33
1996	106.348	62.457	168.805	37

IL TRAFFICO   TRAFFIC

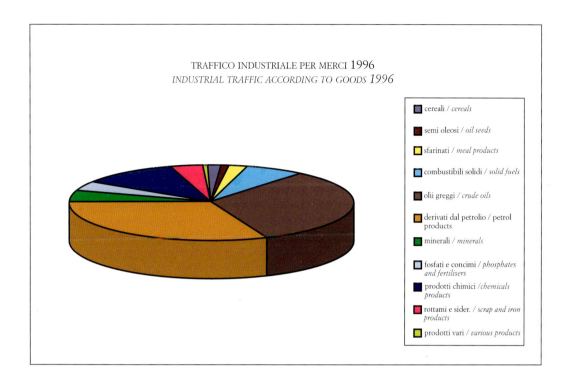

TAB. 7.
TRAFFICO DEL SETTORE INDUSTRIALE DEL PORTO DI VENEZIA
TRAFFIC OF INDUSTRIAL SECTOR OF VENICE PORT
tonnellate di merci / *tons of goods*

	sbarchi / *unloading*		imbarchi / *loading*		totale / *total*	
	1995	1996	1995	1996	1995	1996
cereali / *cereals*	194.704	280.676	0	8.559	194.704	289.235
semi oleosi / *oil seeds*	218.821	170.467	0	0	218.821	170.457
sfarinati / *meal products*	5.448	861	340.210	408.888	345.658	409.749
combustibili solidi / *solid fuels*	2.216.161	1.565.630	0	0	2.216.161	1.565.630
olii greggi / *crude oils*	5.015.988	5.082.376	0	0	5.015.988	5.082.376
derivati dal petrolio / *petrol products*	4.795.394	4.799.398	578.207	576.534	5.373.601	5.375.932
minerali / *minerals*	769.161	784.296	0	0	769.161	784.296
fosfati e concimi / *phosphates and fertilisers*	228.234	145.822	496.244	400.044	724.478	545.866
prodotti chimici / *chemicals products*	1.579.870	1.609.588	312.097	333.611	1.891.967	1.943.199
rottami e sider. / *scrap and iron products*	997.557	656.173	0	4.377	997.557	660.550
prodotti vari / *various products*	51.870	67.405	13.921	8.691	65.791	76.096

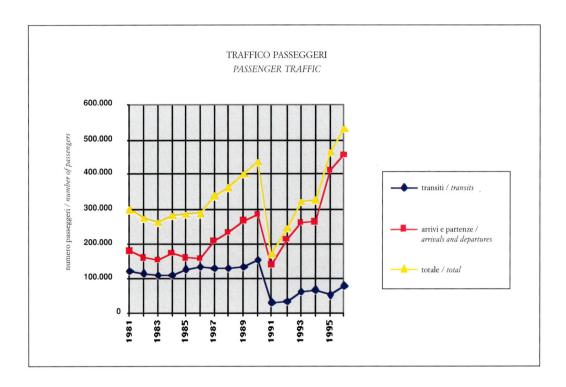

TAB. 8.
TRAFFICO PASSEGGERI
PASSENGER TRAFFIC
numero passeggeri / *number of passengers*

anno	transiti	arrivi e partenze	totale
year	commercial	arrivals and departures	total
1981	119.621	177.989	297.610
1982	113.900	156.907	270.807
1983	107.479	150.823	258.302
1984	108.200	171.337	279.537
1985	124.704	156.717	281.419
1986	130.641	153.451	284.092
1987	128.298	207.051	335.349
1988	127.114	232.723	359.837
1989	131.377	265.494	396.871
1990	152.138	282.056	434.194
1991	28.380	138.106	166.486
1992	31.534	212.077	243.611
1993	59.206	259.149	318.355
1994	64.226	260.551	324.777
1995	51.187	410.163	461.350
1996	76.193	453.527	529.720

oltre 5 milioni e mezzo di tonnellate tra il 1981 e il 1996, non compensata dal progresso di quello commerciale aumentato nello stesso periodo di oltre 3.150.000 t.
È aumentato conseguentemente il peso del settore commerciale del totale, che è passato dal 15% del 1980 al 30% del 1996. Va rilevata anche nello stesso periodo la diminuzione del peso dei prodotti petroliferi sul totale del traffico, passato dal 53,7% al 43,5%.
Sia nel settore commerciale che in quello industriale gli sbarchi prevalgono sugli imbarchi, nel rapporto però di 3,1:1 nel primo, dove si registra anche una leggera tendenza al riequilibrio, e in quello di 8,7:1 nel secondo, dove al contrario la differenza si accentua.

La grande maggioranza del traffico che fa capo al porto di Venezia, come del resto accade in tutti grandi porti, nei quali vi sia una forte presenza industriale, è condizionata alla rinfusa. Rilevante per quanto concerne le merci in colli è il peso di quelle condizionate tradizionalmente rispetto a quelle containerizzate.
La composizione del traffico nel settore commerciale vede prevalere i prodotti siderurgici, i rottami di ferro e i cereali nonchè i prodotti vari. Significative sono le presenze di sfarinati e combustibili solidi.
Il traffico container che si svolge quasi esclusivamente nel settore commerciale è rimasto per molti anni sostanzialmente costante, ma nelle fasi più recenti ha registrato un forte sviluppo, raggiungendo nel 1996 il record storico di 168.800 TEU.

Nel settore industriale le quote di traffico maggiori – complessivamente oltre la metà – riguardano il petrolio greggio e i suoi derivati: seguono i prodotti chimici, i combustibili solidi e i prodotti siderurgici.

3.3. IL MOVIMENTO PASSEGGERI

Il traffico passeggeri, quasi totalmente crocieristico, è in forte espansione e ha sfiorato nel 1996 le 530.000 unità tra arrivi, partenze e tran-

1994, not compensated for by the increase in commercial traffic of 3.15 million tons in the same period. Consequently the importance of the commercial sector compared to the whole passed from 15% in 1980 to 30% in 1996. It is to be noted also that in the same period the dimension of petrol traffic compared to the whole passed from 53.7% to 43.5%. Unloading exceeds loading in both the industrial and commercial sector 3.1:1; the former shows a slight tendency towards a reequilibrium while in the latter the difference is accentuated 8.7:1.

Most of the traffic through Venice port, as in the rest of all large ports with a high industrial level, is bulk material; baled goods are important but bulk outweighs containerised cargo.
The composition of traffic in the commercial sector has a prevalence of steel products and scrap iron as well as various products. Cereals, flour and solid fuel are all significant.
Container traffic is almost exclusively in the commercial sector and has remained substantially constant for many years but in the most recent phases has registered an impressive development reaching the historic record of 168.800 TEU in 1996. In the industrial sector the largest share of traffic – more than half – concerns mineral oils and their derivatives; followed by chemical products, solid fuels and steel products.

PASSENGER MOVEMENT

Passenger traffic is almost exclusively from cruise liners and is expanding rapidly, reaching 530,000 units, a historic record, in 1996 taking into

TAB. 9.
PESO DEL TRAFFICO DI VENEZIA SUL TOTALE DEI PORTI ITALIANI - **1994**
VENICE TRAFFIC AS PERCENTAGE OF TOTAL OF ITALIAN PORTS - 1994

categoria merceologica / *goods category*	posizione / *position*
prodotti agricoli e animali vivi / *agricultural products and live animals*	10,2
derrate alimentari e foraggere / *foods stuff and forage*	6,5
combustibili minerali solidi / *solid mineral fuels*	7,4
prodotti petroliferi / *petrol products*	4,6
minerali e cascami per la metallurgia / *minerals and scrap for metal working*	0,7
prodotti metallurgici / *iron products*	10,5
minerali greggi, manufatti, materiali da costruzione / *ores, products, building materials*	7,6
concimi / *fertilisers*	21,4
prodotti chimici / *chemical products*	13,5
macchine veicoli, manifatturati, transazioni speciali / *machines, vehicles, manifactured goods, special transactions*	3,1
TOTALE / *TOTAL*	5,5

TAB. 10.
POSIZIONE DI VENEZIA NELLA CLASSIFICA DI TRAFFICO DEI PRINCIPALI PORTI ITALIANI PER CAPITOLO MERCEOLOGICO - **1994**
POSITION OF VENICE IN TRAFFIC CLASSIFICATION ACCORDING TO TYPE OF GOODS - 1994

categoria merceologica / *goods category*	posizione / *position*
prodotti agricoli e animali vivi / *agricultural products and live animals*	1
derrate alimentari e foraggere / *foods stuff and forage*	5
combustibili minerali solidi / *solid mineral fuels*	5
prodotti petroliferi / *petrol products*	6
minerali e cascami per la metallurgia / *minerals and scrap for metal working*	6
prodotti metallurgici / *iron products*	3
minerali greggi, manufatti, materiali da costruzione / *ores, products, building materials*	2
concimi / *fertilisers*	2
prodotti chimici / *chemical products*	1
macchine veicoli, manifatturati, transazioni speciali / *machines, vehicles, manifactured goods, special transactions*	10
TOTALE / *TOTAL*	6

Navi passeggeri in uscita da Venezia *Passenger ships leaving Venice*

siti stabilendo il record storico del porto in questo settore. Sono state quindi del tutto compensate le perdite subite, essenzialmente per gli eventi bellici dei primi anni '90 nella ex Jugoslavia e in Iraq.

account arrivals, departures and transits. All the losses essentially due to the war situation in the early 90's in ex-Yugoslavia and Iraq have been compensated.

3.4. QUALCHE CONFRONTO TRA VENEZIA E L'ITALIA

A COMPARISON BETWEEN VENICE AND ITALY

Venezia svolge circa il 6% di tutto il traffico registrato nei porti italiani (dati 1994). Il suo peso è peraltro maggiore in alcuni settori di traffico, come in quelli dei concimi, dei prodotti chimici, dei combustibili solidi dei prodotti agricoli e di quelli metallurgici.

Venice deals with about 6% of all the traffic registered in the Italian ports (1994 data). However, in some sectors –such as fertilisers, chemical products, solid fuels, agricultural and metallurgic products– its importance is much higher.

In alcuni di questi settori di traffico come risulta dalle tabelle 9-10, Venezia ha una posizione leader a livello nazionale.

In some of these sectors, Venice is a national leader (see tables 9-10).

4.
Le funzioni e i settori portuali
Port sectors and functions

Le funzioni dei porti possono essere distinte in commerciali e industriali.
Le prime concernono, oltre lo sbarco e l'imbarco delle merci, il transito la conservazione e il condizionamento delle stesse.
Le seconde invece comportano anche la trasformazione delle merci nell'ambito portuale.
Normalmente nei grandi porti le due funzioni sono accoppiate. In realtà le industrie situate nell'ambito portale costituiscono una sorta di entroterra esclusivo del porto e assicurano quindi un traffico sicuro e costante ai porti che le ospitano.
Questa condizione comporta vantaggi anche per i settori commerciali dei porti, che possono disporre di servizi impostati ad una scala ben più grande di quella possibile in assenza di industrie portuali, e quindi di qualità più alta e di costo inferiore. Le condizioni del porto di Venezia sono particolarmente sicure.

The functions of the port are usually divided between commercial and industrial; the former concerning not only the loading and unloading of cargo but its transit, storage and conditioning. The latter involves the transformation of the goods within the port ambit. Normally, in the large ports, the two functions are paired together but actually the industries situated in the port ambit form a sort of exclusive hinterland for the port and therefore guarantee a sure and constant traffic to the ports containing them. This fact also has advantages for the commercial sectors of the ports which can use services set up on a scale much larger than that possible in the absence of industrial ports, therefore of a much higher quality at a lower cost. The port conditions in Venice are particularly safe.

4.1. LA FUNZIONE E IL SETTORE COMMERCIALE

FUNCTION OF COMMERCIAL SECTOR

La funzione commerciale del porto riguarda le merci in transito, cioè quelle che nell'ambito portuale non subiscono una trasformazione industriale e consiste quindi nello sbarco e nell'imbarco delle merci, nella loro conservazione nei depositi portuali, eventualmente nel loro condizionamento o nel loro ricondizionamento, nel loro ricevimento o nella loro spedizione da o per l'entroterra.
Le politiche espansive dei porti sono oggi orientate al potenziamento di questa funzione, ritenendosi esaurita la corsa al mare delle industrie che aveva caratterizzato gli anni '60 e '70.
Questa funzione è rivolta al servizio delle attività economiche del retroterra, che vogliono av-

The commercial sector of the port concerns goods in transit, that is, those within the port ambit which are not transformed industrially, and consists, therefore, in the unloading and loading of cargos, their storage in port warehouses, possibly a change in their condition or re-condition, in their receipt or shipping to and from the hinterland. The policy of port expansion is oriented today to the strengthening of this function, because the race to the coast which characterised industries in the 60s and 70s has finished. This commercial function is directed to the service of those economic activities of the mainland which want to use the sea for their foreign trade: the availability of an efficient port is often an essential

valersi del mezzo marittimo per i loro traffici oltremare: la disponibilità di un porto efficiente è sovente condizione essenziale per le loro attività import-export.
Molti sono i fattori che rendono Venezia estremamente attrattiva come porto commerciale:
– la disponibilità di attrezzature per la manipolazione di ogni tipo di merce;
– l'esistenza di impianti particolarmente moderni per il movimento di container, di trailer, di cereali, di sfarinati e di carbone;
– l'esistenza di vasti spazi per l'assemblaggio e il deposito di parti di impianti combinata con la disponibilità di gru di grande potenza per carichi eccezionali;
– l'abbondanza di banchine ad alto fondale e di spazi a terra, adeguati anche per gli sviluppi futuri;
– la situazione geografica estremamente favorevole in posizione di cerniera tra un retroterra ad altissimo sviluppo economico ed un avanmare in via di sviluppo;
– l'infrastrutturazione del retroterra, ricca di collegamenti stradali, ferroviari e idroviari;
– l'esistenza in zona di servizi di tutti i tipi, da quelli doganali a quelli di trasporto e di assistenza al trasporto (agenti marittimi, spedizionieri, armatori, autotrasportatori ecc.) a quelli assicurativi e bancari a quelli commerciali, a quelli consolari;
– la disponibilità di strutture universitarie, turistiche, e di servizi di ogni tipo.
La funzione commerciale riguarda anche il traffico passeggeri, che trova a Venezia ottime condizioni.
Il turismo sostiene attualmente la maggior parte del trasporto marittimo passeggeri. Sotto questo profilo il porto lagunare per le eccezionali caratteristiche dell'ambiente storico e naturale in cui è inserito costituisce un ideale punto di partenza, di arrivo o di sosta per le crociere. Ottima è anche la sua posizione relativamente al servizio di traghetto per il Mediterraneo.

Il settore commerciale del porto di Venezia è localizzato nel centro storico e a Marghera: le attività che vi vengono svolte fanno capo ad imprese portuali.

condition for their import-export activities. There are many factors which render Venice extremely attractive as a commercial port:
– the availability of equipment to handle every type of cargo
– particularly modern plants for container, trailer, cereal and meal products movements
– vast spaces for the assembly and stockage of parts of plants combined with the availability of very strong cranes for exceptional loads
– an abundance of berths with deep soundings and land space suitable for future developments
– an extremely favourable geographic position forming a link between a highly developed economic hinterland and developing sea routes
– an inland infrastructure of dense road, rail and waterway system links
– the existence of a complete service zone, from customs to transport, from transport assistance (maritime agents, shippers, ship-owners, chandlers, haulage contractors, etc.) to insurance and banking facilities, commercial and consulate structures
– the availability of university, tourist and service facilities of every type.
The commercial function also concerns the passenger traffic which is offered excellent conditions in Venice. Tourism forms the main part of maritime passenger traffic and from this point of view the lagoon port constitutes an ideal place for arrival, departure and stop-over for the cruises considering its exceptional historic characteristics and natural environment. Venice is an exellent position with regard to the ferry services on the Mediterranean.

The commercial sector of Venice port is situated in the historic centre and in Marghera and the activities carried out by port firms. The parts of the commercial sector in the historic centre include the wharves situated in St. Mark's Bay (riva dei Sette Martiri, riva San Biagio) and those of the Marittima and of San Basilio-Santa Marta, as well as their service areas. Only passenger ships can dock at riva dei Sette Martiri; adjacent to it eastwards is riva San Biagio where minor passenger vessels dock. Both areas are connected to the public water transport system. The areas

Le sezioni del settore commerciale del centro storico comprendono le banchine site in bacino San Marco (riva dei Sette Martiri, riva San Biagio) e quelle della Marittima e San Basilio-Santa Marta, oltre alle aree al servizio delle stesse.

Alla riva dei Sette Martiri possono attraccare solo navi passeggeri: ad essa verso ponente è attigua la riva di San Biagio, dove attracca naviglio minore, sempre per passeggeri. Entrambe le rive sono collegate con i mezzi acquei di trasporto urbano.

Le zone della Marittima e di San Basilio-Santa Marta si estendono per circa 53 ha e sono raccordate alle reti nazionali stradale e ferroviaria. Uno svincolo di recente costruzione permette lo scorrimento dei collegamenti stradali a senso unico per il traffico portuale.

Esse sono dotate di 3.848 m di banchina, sono attrezzate con 23 gru (da 1,2 a 12 t e una da 30 t) distribuite su 31 accosti (di cui 5 ro-ro), ai quali possono attraccare navi con pescaggio sino a 29', e dispongono di magazzini per 115.000 m² di cui 50.000 m² per trailer: vi è anche ubicato un deposito costiero per oli e grassi animali e vegetali.

Tre stazioni passeggeri sono situate rispettivamente a San Basilio, Santa Marta e Marittima. Queste zone movimentano prevalentemente merci varie in colli, coil, tondino, vergella, piastrelle, cotone ecc. e accolgono la parte più importante del traffico passeggeri.

A San Basilio e Santa Marta è situata anche l'area dove sorge il punto franco, uno dei pochissimi autorizzati in Italia, che dovrebbe essere, in un prossimo futuro, trasferito a Marghera.

L'introduzione delle merci in questa particolare area del porto è considerata come effettuata fuori del territorio doganale; in essa la merce può essere depositata, sbarcata, trasbordata, rispedita all'estero, contrattata, manipolata e trasformata in completa libertà da ogni e qualsiasi vincolo doganale.

Le sezioni di Marghera del porto comprendono una zona destinata sin dall'origine ad attività portuale commerciale e altre localizzazioni risultanti dalla recente trasformazione di insediamenti industriali.

of Marittima and San Basilio-Santa Marta extend for about 53 hectares and are connected to the national road and rail networks. A recently constructed outlet allows a swift one-way road link for port traffic. They are equipped with 3,848 m of wharves complete with 23 cranes from 1.2 to 12 tons and one of 30 tons distributed among the 31 berths (5 of which ro-ro), where ships with a draft of up to 29' can dock, and have warehouses of 115,000 sq.m. and parking bays of 62,000 sq.m., 50,000 of which for trailers: there is also a coastal warehouse for oils and animal and vegetables fats.

Three passenger stations are also situated respectively at San Basilio, Santa Marta and Marittima. These areas deal mainly with general goods in bales, coils, rods, tiles, cotton, etc. and handle the most important part of the passenger traffic. The free port area is situated at San Basilio Santa Marta; it is one of the very few authorised in Italy, and which is going to be transferred to Marghera in the near future. The introduction of goods into this particular area of the port is considered as if effected outside the customs territory; goods can be stored, unloaded, transhipped, forwarded abroad, dealt in, handled and transformed in complete liberty from any and every customs duty.

The Marghera sections of the port include an area destined from the origin to commercial port activities and other sites resulting from the recent transformation of industrial plants. The area destined from the origin to commercial port activities extends over 150 hectares situated outside the urban zones and is directly linked to the national road and rail networks. It has 4,864 m of wharves equipped with 27 berths, all of them specialised, of which 5 are for ro-ro ships and 4 for portacontainer vessels, where ships with a draft of up to 31' can dock. Its lifting equipment consists of 18 wharf cranes from 3 to 30 tons, 3 portainers of 42 tons and one of 50 tons, one bridge crane for containers from 35 to 40 tons, 2 rail transtainers and 6 wheeled transtainers, 4 unloading bridges (2 of 1500 t/h and 2 of 300 t/h), 4 pneumatic aspirators for cereals of 300 t/h and one screw unloader of 600 t/h. Besides this, 10 wheeled cranes are available from 40 to 100 tons. There are ample areas for the movement

La zona destinata sin dall'origine ad attività portuali commerciali si estende su 150 ha siti al di fuori delle zone urbane, direttamente raccordati alle reti nazionali ferroviaria e stradale.

Essa dispone di 4.864 m di banchine attrezzate con 27 accosti tutti specializzati, di cui 5 per navi ro-ro e 4 per navi portacontainer, ai quali possono attraccare navi con pescaggio per ora sino a 31'.

La sua dotazione di impianti di sollevamento consiste in 18 gru da banchina di capacità variabile da 3 a 30 t, in 3 portainer da 50 t e in una da 42 t, in 1 gru a ponte per container da 35-40 t, in 2 transtainer ferroviari e 6 transtainer gommati, in quattro ponti scaricatori – 2 da 1500 t/h e 2 da 300 t/h –, in quattro aspiratori pneumatici per cereali da 300 t/h, in 1 scaricatore a coclea da 600 t/h. Sono inoltre disponibili 10 gru gommate da 40 a 100 t.

Ampie aree sono disponibili per la movimentazione e l'assemblaggio di carpenteria ed impiantistica.

A questa zona che, è dotata di un'ampia serie di mezzi meccanici per la movimentazione a piazzale e a magazzino, fanno prevalentemente capo i traffici specializzati container, ro-ro, lo-lo, rinfuse solide, carbone, minerali, fertilizzanti, cereali, farine, legnami, tronchi, impiantistica.

Il settore commerciale è stato recentemente arricchito a Marghera da nuove strutture risultanti dalla trasformazione di alcuni stabilimenti industriali: si tratta sinora di 5 insediamenti gestiti da imprese portuali, per un complesso di 10 ha, dotati di attrezzature di notevole interesse[1].

4.2. LA FUNZIONE E IL SETTORE INDUSTRIALE

La rivoluzione più radicale subita dai porti in questo secolo è stata la trasformazione da siti di transito o deposito delle merci – quindi essenzialmente a funzione commerciale – a siti di trasformazione di queste.

Questa evoluzione ha avuto conseguenze estremamente positive per le economie dei porti e

---

[1] Vedi *5.2. Imprese portuali.*

and assembling of carpentry and plant engineering. Mainly specialised container traffic, ro-ro, lo-lo, dry bulks, coal, minerals, fertilisers, cereals, meal products, timber and engineering use this area which is equipped with a series of mechanical means of movement to parking or storage space. The commercial sector of Marghera has recently been enriched with new structures resulting from the transformation of some industrial plants; for the moment there are 5 sites managed by port firms for an overall area of 10 hectares, complete with equipment of considerable interest[1].

THE FUNCTION OF THE INDUSTRIAL SECTOR

The most radical revolution in the ports in this century has been the transformation from sites of transit or storage of goods – an essentially commercial function – to sites of transformation. This evolution has had extremely positive consequences for the economies of the ports and for the regions to which they belong. The ports

---

[1] *See* 5.2. Terminals and Port Firms.

per quella delle regioni cui essi appartengono. I porti hanno conseguito infatti un enorme aumento del traffico, per lo più, come visto, sicuro perché legato a clienti – le industrie in essi insediate – senza pratiche alternative di approvvigionamento, mentre si sono creati moltissimi posti di lavoro, in via diretta nelle stesse industrie portuali e in via indiretta nelle attività ad esse integrate.

La zona portuale industriale di Marghera è stata la prima zona portuale-industriale del Mediterraneo. Essa fu costruita in aree distanti dal centro storico (diversamente da quanto accadde in moltissime altre città in cui le espansioni industriali nella prima parte sono state realizzate almeno nella prima metà del Novecento all'interno o in stretta contiguità degli abitati) e ciò garantì la salvaguardia del patrimonio artistico culturale e la dimensione umana di Venezia.

Oltre a quelli già citati per la funzione commerciale, la funzione industriale del porto a Marghera si avvale di vari fattori localizzativi favorevoli:
– servizi e reti tecnologiche adeguate, acquedotto industriale e potabile, energia elettrica, metano, impianti consortili di depurazione;
– presenza nel retroterra di un terziario in forte espansione, nel quale spiccano strutture universitarie di ricerca strettamente collegate alla zona industriale;
– l'effetto di reciproca integrazione – effetto agglomerazione – degli stabilimenti già insediati;
– la disponibilità di manodopera capace e qualificata.

Il settore industriale del porto di Venezia si estende a Marghera su due zone contigue, che si estendono per 2.009 ha complessivi.
Nonostante le ristrutturazioni dell'ultimo decennio si tratta ancora di una poderosa concentrazione industriale, che nel 1994 contava 298 unità per quasi 14.000 addetti. Essa è articolata in molti comparti: petrolchimica e chimica, raffinazione del petrolio, siderurgia, metallurgia, vetreria, metalmeccanica, alimentari ed altri ancora.
La maggior parte degli insediamenti maggiori

have seen an enormous increase in traffic, certain for the main part because linked to customers – the industries situated within them – without other practical means of supply, while many jobs have been created: directly in the port industries themselves, and indirectly in the activities connected to them. The industrial port area of Marghera was the first industrial port zone of the Mediterranean. It was built in areas far away from the Old Town (differently from what happened in very many other cities where the first part of industrial expansion in the first half of the '900s was inside or very close to the inhabited areas. Thus the artistic and cultural patrimony of Venice was protected together with its human dimension. Apart from those already cited for the commercial function, the industrial function of the port of Marghera can rely on various favourable factors sited there:
– adequate technological services and networks;
– industrial and domestic aqueducts, electrical energy, methane gas, water treatment plant;
– the presence in the hinterland of a strongly expanding service sector including university research structures closely connected to the industrial zone;
– the effect of reciprocal integration – an agglomeration effect – of the plants already established there;
– the availability of a capable and qualified workforce.

The industrial sector of the port of Venice extends at Marghera over two adjoining zones which overall cover 2,009 hectares. In spite of the restructuring of these last ten years, it is still an imposing industrial concentration which in 1994 had almost 14,000 workers in 298 firms. It is articulated in many compartments: petrochemical and chemical, petrol refinery, steel works, metal works, glass firms, engineering, food stuffs and many others. The greater part of the major plants have their own exclusive mooring on canals for large shipping which permit them to load and unload directly. The petrol compartment uses moorings which are particularly well protected, such as those of S. Leonardo, constructed at a distance of many kilometres from the industrial

dispone di un proprio accosto esclusivo su canali di grande navigazione, che consentono di svolgere direttamente le operazioni di imbarco sbarco.

Il comparto dei petroli utilizza approdi particolarmente protetti, come quello di San Leonardo, realizzato a molti chilometri dalla zona industriale, dove le operazioni di scarico del greggio si svolgono in condizioni di assoluta sicurezza.

Anche il settore industriale è collegato alle reti nazionali stradale e ferroviaria ed è distribuito in fregio a canali profondi da m 9 a m 12,50 (m 14,50 al porto di San Leonardo), attrezzati con 32 km di banchine.

Le strade interne e i raccordi ferroviari (esclusi i tratti interni agli stabilimenti) si sviluppano rispettivamente per 40 km e 135 km.

Il nuovo piano regolatore di Marghera ha posto a disposizione nell'ambito delle due zone industriali aree per nuovi insediamenti.

4.3 LA SICUREZZA DELLE FUNZIONI PORTUALI

Il porto di Venezia è dotato di presidi di sicurezza di particolare importanza comunque gode di una situazione naturale particolarmente favorevole sotto questo profilo.

Alla sicurezza nel porto di Venezia sovrintende la Capitaneria di porto, che oltre delle proprie strutture si avvale delle Guardie ai fuochi. Con la Capitaneria collaborano, nell'ambito dei loro compiti istituzionali, i Vigili del fuoco.

Il porto dispone di 9,5 km di panne galleggianti e di 2,5 km da alto mare. L'impiego di questi mezzi consente di isolare con una o più catene di panne galleggianti le navi sotto carico o scarico.

Sono inoltre operativi dieci moderni battelli antinquinamento e depositi galleggianti per il recupero di eventuali spandimenti.

Inoltre occorre considerare che i principali insediamenti portuali sono situati in zone distanti dai centri abitati e che il principale punto di sbarco degli idrocarburi greggi è emarginato a San Leonardo in una posizione isolata e prossima alla bocca di porto ed è compresa in un ba-

zone, where the unloading of crude oil is carried out in absolute safety. Also the industrial sector is linked to the national road and rail networks and is distributed as a fringe along 9 to 12.5 m deep canals (14.5 m at S. Leonardo), equipped with 32 km of berths. The internal road system and rail links (excluding the tracts inside the various plants) are respectively 40 km and 135 km long. The new Urban Development Plan of Marghera has made new areas available within the ambit of the two industrial zones for the development of new plants.

SAFETY OF THE PORT FUNCTIONS

The port of Venice is equipped with particularly important safety protection but its natural situation is also eminently favourable from this point of view. The Harbour Master's Office is responsible for the safety of the port and uses the Fire Guards who collaborate with the Fire Brigade, each according to areas of jurisdiction. The port has 9.5 km of floating delimiters and 2.5 km for the high seas. Their use allows the isolation of loading or unloading vessels with one or more of these chains. 10 modern anti-pollution boats and floating stores are also available for the recovery of possible spills. It is also necessary to bear in mind that the main port establishments are situated in areas very far from the inhabited centre and that the main unloading point for crude oil is further emarginated at S. Leonardo in an isolated position next to the port entry, situated in a completely different hydraulic basin from those of the historic centre. In S. Leonardo it is possible to protect vessels with three rings of floating delimiters. The circulation of vessels is regulated so as to avoid accidents and is assisted

Nave sotto scarico a San Leonardo circondata dalle panne di contenimento

Ship unloading at San Leonardo surrounded by spillage barriers

cino idraulico del tutto differente da quelli in cui si trovano i centri storici. Nel porto di San Leonardo è possibile proteggere le navi con tre ordini di panne galleggianti.
La circolazione delle navi è regolata in modo da evitare incroci ed è assistita da rimorchiatori e piloti, rendendo praticamente impossibili le collisioni. Il fondo melmoso o sabbioso dei canali di navigazione e dell'area lagunare rende anche impossibile la rottura degli scafi nel caso, di fatto imprevedibile, di deviazione dalla rotta.

by tugs and pilots, making collisions almost impossible. The muddy or sandy seabed of the navigation canals and lagoon area make the perforation of the hull impossible in case of an unforeseeable deviation from the route.

5.
L'organizzazione del porto
Port organisation

Al porto di Venezia, come ai principali porti italiani, è preposta un'Autorità portuale, di diritto pubblico, con funzioni di programmazione, promozione, coordinamento e controllo delle operazioni portuali.
Accanto all'Autorità portuale si collocano altri servizi dello Stato, tra cui la Capitaneria di porto, che ha funzioni di autorità marittima, la Dogana, la Guardia di finanza, la Polizia, il Genio Civile OOMM.
Altre funzioni sono svolte dalla Regione, dal Comune, dalla Provincia, dalla Camera di commercio industria artigianato e agricoltura.
Le operazioni portuali nel settore commerciale sono svolte da imprese che hanno ottenuto dall'Autorità portuale le necessarie autorizzazioni. Naturalmente queste operazioni possono essere svolte dalle navi che siano in grado di farlo in autoproduzione.
Alcuni servizi, come quelli di ormeggio e pilotaggio, sono affidati a speciali cooperative, altri ad aziende private, alcuni, come il rimorchio, in regime di autorizzazione, altri di libero mercato.
I servizi di carenaggio e di riparazione navale sono assicurati da cantieri e officine meccaniche.
Quelli di provveditoria marittima, bunkeraggio, fornitura acqua ecc. vengono assicurati da ditte private autorizzate.
L'organizzazione del porto risulta quindi articolata in pubblica amministrazione, imprese portuali, altri servizi alla merce e alla nave, utenza portuale.

Like all main Italian ports, a Port Authority controls Venice port according to public law and is responsible for the programming, promotion, co-ordination and control of port operations. Other services collaborate with the Port Authority, for example the Harbour Master's Office with maritime authority, the Custom Office, the Finance Police, the Police Force and the Civil Maritime Engineers. Other functions are the responsibility of the Region, the Municipality, the Province, the Chamber of Commerce, Industry, Trade and Agriculture. The port operations in the commercial sector are carried out by firms which have obtained the necessary permits from the Authorities; naturally, these operations can also be carried out directly by ships able to do so. Some services such as mooring and pilotage are entrusted to specialised co-operatives, and others to private firms such as towage (special authorisation) or free market forces. Dry-docking and naval repair are ensured by shipyards and engineering workshops. Catering, bunkerage, purging and water supply are managed by authorised private firms. The organisation of the port, therefore, is articulated into public administration, port firms, cargo and ship services and port users.

5.1. PUBBLICA AMMINISTRAZIONE

5.1.1. Autorità portuale di Venezia

L'Autorità portuale è l'ente di diritto pubblico che ha essenzialmente le seguenti funzioni:
– indirizzo, programmazione, promozione, coordinamento e controllo delle operazioni portuali (carico, scarico, trasbordo, deposito, movimento in genere delle merci);
– realizzazione delle infrastrutture necessarie al movimento della merce (banchine, strade, ferrovie ecc.);
– manutenzione delle parti comuni dell'ambito portuale, ivi compresa quella dei canali e degli altri specchi d'acqua;
– affidamento e controllo delle attività dirette alla fornitura agli utenti portuali di servizi di interesse generale (energia elettrica, acqua, telefono, ferrovia ecc.).
Inoltre essa dispone, d'intesa con il Comune, il Piano regolatore del porto, può sostituirsi allo Stato per la realizzazione delle opere di grande infrastrutturazione, coordina le attività della pubblica amministrazione nel porto, gestisce il demanio marittimo, concede l'esercizio delle attività operative alle imprese, che lo richiedono.
L'Autorità portuale è governata da un presidente e da un comitato, nel quale sono rappresentate gli enti, le categorie e le parti sociali interessate all'attività dello scalo.
L'Autorità ha sostituito in tutte le sue funzioni autoritative il Provveditorato al porto, l'ente che in precedenza aveva la competenza della gestione dello scalo veneziano ivi compresa l'esecuzione delle operazioni portuali, oggi trasferita ad imprese.

5.1.2. Direzione marittima e Capitaneria di porto

La Direzione marittima di Venezia, che dipende dal Ministero dei trasporti e della navigazione e dal Ministero della difesa, ha giurisdizione dalla foce del Po di Goro alla foce del Tagliamento e da essa dipendono le Capitanerie di porto di Venezia e Chioggia.
Il direttore marittimo di Venezia è anche il comandante del porto di Venezia.

PUBLIC ADMINISTRATION

The Venice Port Authority

The Port Authority is an agency under public law which has the following functions:
– the direction, programming, promotion, co-ordination and control of the port operations (loading, unloading, transhipment, storage, general movement of goods);
– construction of the infrastructures necessary for the movement of cargo (berths, roads, railways, etc.);
– maintenance of the common parts within the port area, including the canals and other stretches of water;
– delegation and control of those activities concerned with the supply of general port services to users (electricity, water supply, telephone system, railways, etc.).
As well as this, the Port Authority, together with the Municipality, uses the Urban Development Plan for the Port and can substitute the State in the construction of large works of infrastructures, co-ordinates the activities of the public administration in the port, manages the maritime State property, grants permits to firms to operate. The Port Authority is governed by a President and a Committee representing all the agencies, the categories and social sectors interested in the activity of the port. The Authority has taken over all the authoritative functions of the Superintendency of the Port, the agency previously responsible for the management of Venice Port including the execution of the port operations now transferred to port firms.

Coastal Command and Harbour Master's Office

The Venice Coastal Command which comes under the authority of the Ministry of Transport and Navigation and the Ministry of Defence exercises control from the mouth of the Po di Goro to the mouth of the Tagliamento. The Harbour Master's Office of both Venice Port and Chioggia Port are responsible to the Coastal Command. The Venice Coastal Commander is also the Port Commander

La Capitaneria di porto esercita le attribuzioni amministrative e di polizia relative alla navigazione e al traffico marittimo, sovrintende ai servizi connessi alla sicurezza della navigazione e, d'intesa con l'Autorità portuale, alla disciplina e organizzazione dei servizi portuali cosiddetti tipici come pilotaggio, rimorchio, ormeggio e battellaggio. Inoltre la Capitaneria di porto disciplina per concessione l'uso dei mezzi nautici da parte degli altri servizi portuali di interesse generale (ritiro rifiuti, rifornimento idrico, ritiro acqua di sentina ecc.) e ne determina le tariffe.

5.1.3. *Genio Civile Opere Marittime*

Il Genio Civile OOMM dipende dal Ministero dei Lavori pubblici progetta e realizza le opere necessarie alla navigazione di competenza dello Stato, come dighe foranee, canali marittimi, bacini, oltre che fari, fanali, segnalamenti, boe ecc.

5.1.4. *Dogana*

Il Compartimento doganale d'ispezione dipende dal Ministero delle finanze e ha giurisdizione sul Veneto.
I suoi compiti principali sono l'alta vigilanza sugli uffici doganali del territorio regionale e svolge azioni direttive e di indirizzo relativamente alla efficienza degli uffici, che da essa dipendono.
La Circoscrizione doganale dipende dal Compartimento: essa ha competenza sulle province di Venezia, Treviso e Belluno e dalla sua Direzione dipende il servizio doganale nel porto e nell'aeroporto.
Le sue funzioni più importanti consistono nell'organizzazione, nel coordinamento e nella vigilanza dei servizi doganali nell'ambito del territorio di sua competenza.

5.1.5. *Guardia di finanza*

La Guardia di finanza dipende dai Ministeri delle finanze e della difesa.
Il Comando del Circolo interno della Guardia di finanza assicura tutti i servizi di carattere fiscale nelle zone commerciali ed industriali del porto. I suoi compiti principali concernono la vigilan-

of Venice. The Harbour Master's Office covers the administrative and police functions regarding navigation and maritime traffic; it superintends the services connected with navigation safety and, together with the Port Authority, the discipline and organisation of the so-called typical port services, such as piloting, towing and mooring. The Harbour Master's Office also governs by means of concessions the use of nautical vessels by other port services of general interest (waste collection, water supply, disposal of belge water etc.) and sets the tarifs.

Civil Engineers - Maritime Works

This body, under the authority of the Ministry of Public Works, plans and executes those works necessary for navigation which are the responsibility of the State, such as breakwaters, maritime canals, bays, lighthouses, beacons, signals, buoys, etc.

Customs

The Regional Customs Authority is dependent on the Ministry of Finance and has jurisdiction over the Veneto Region. It is responsible for the supervising of customs offices throughout the region, in a managerial and advisory capacity. The Local Customs District is dependent on the Regional Authority, and is responsible for the provinces of Venice, Treviso and Belluno. The customs service of the Port and Airport is dependent on this Local Customs District. The most important functions consist in the organisation, co-ordination and supervision of the customs services throughout the territory under its jurisdiction.

Finance Police

This body is under the authority of the Ministry of Finance and the Ministry of Defence. The port's own coastguard unit, within the finance police, is responsible for all matters of a fiscal nature in the commercial and industrial areas of the port. Its main duties are the prevention of tax evasion,

za fiscale, la repressione del contrabbando e le visite sommarie alle navi in arrivo nel porto.

5.1.6. Polizia di frontiera

La Polizia di frontiera dipende dal Ministero dell'interno.
Essa svolge il servizio di polizia di frontiera marittima ed aerea, con particolari compiti nell'osservanza delle norme di diritto pubblico internazionale, delle leggi sull'emigrazione e sul traffico delle persone e delle cose, anche in collaborazione con la Guardia di finanza.
Essa cura anche la polizia portuale, in collaborazione con la Capitaneria di porto, per assicurare l'ordine e la sicurezza nell'ambito dello scalo.

5.1.7. Ufficio di sanità Marittima

L'Ufficio di sanità marittima dipende dal Ministero della sanità e ha il compito della vigilanza igienico-sanitaria nell'ambito portuale su passeggeri, equipaggi e merci delle navi in arrivo e in partenza.

5.1.8. Camera di commercio industria artigianato e agricoltura

La Camera di commercio industria artigianato e agricoltura è un ente di diritto pubblico sottoposto alla vigilanza del Ministero dell'industria e del commercio e costituisce l'espressione dell'economia locale.
La Camera di commercio di Venezia ha anche funzioni di giurisdizione marittima: ha quindi il compito di tenere gli elenchi autorizzati degli agenti marittimi raccomandatari, degli spedizionieri, dei periti e degli esperti ed il ruolo dei mediatori marittimi.

5.2. LE IMPRESE PORTUALI

Le operazioni portuali di carico e scarico delle merci e del loro deposito e condizionamento sono svolte da imprese portuali, a ciò autorizzate, terminaliste e no. Tutte possono eseguire qualsiasi operazione portuale su ogni tipo di merce.

and spot checks on arriving vessels.

Border Police

This body is under the authority of the Ministry of the Interior and controls sea and air frontiers with particular duties regarding the observance of international law, legislation concerning immigration and emigration, the movement of persons and goods, collaborating with the Finance Police. Together with the Harbour Master's Office, this body ensures law, order and safety within the port.

Maritime Public Health Office

Under the authority of the Ministry of Health, the Maritime Public Health Office supervises hygiene and sanitary conditions relating to passengers, crews and cargo of vessels moving into and out of the port.

The Chamber of Commerce, Industry and Trade

This is a public body under the control of the Ministry of Industry and Commerce and represents local economic interests. The Venice Chamber of Commerce also has maritime jurisdiction and part of its duties is to keep authorised lists of recommended shipping agents, forwarding agents, surveyors, consultants and ship brokers.

TERMINALS AND PORT FIRMS

The loading and unloading operations of goods and their storage and conditioning are carried out by authorised port firms, terminals and others who can handle all port operations on any type of goods. As well as those already authorised and

Oltre a quelle già autorizzate e di seguito illustrate, altre imprese hanno in corso le procedure autorizzative.
Tra le imprese portuali non vengono considerate le industrie di Marghera, che pure svolgono direttamente con i loro addetti le operazioni di scarico e di carico delle materie prime dirette ai loro stabilimenti e dei prodotti da quest'ultimi. Queste sono comprese nell'utenza portuale.

5.2.1. CIA spa

La CIA (Centro intermodale adriatico) opera per conto terzi sul terminale, in parte di sua proprietà e in parte in concessione, di cui dispone sul canale Ovest.
Il terminal ha un'estensione di 18 ha attrezzati da banchina. Dispone di aree coperte e scoperte per il deposito di merci varie, rinfuse e container, di magazzini per il riempimento e lo svuotamento dei container, di silos per rinfuse secche da 35.000 t e da un silo da 7.000 t per cemento.
Le operazioni che svolge riguardano prevalentemente i settori delle rinfuse non alimentari e delle merci in colli.
Si tratta di impianti già industriali adattati e integrati per la nuova destinazione.

5.2.2. Fintitan geie

La Fintitan geie (gruppo economico di interesse europeo) opera per conto proprio nel settore del cemento destinato alla commercializzazione. Il terminal di cui dispone tra canale Nord e canale Brentella, è attrezzato da banchina, ed è in parte di proprietà e in parte in concessione.
Si tratta di impianti già industriali adattati e integrati per la nuova destinazione.

5.2.3. Multiservice

La Multiservice opera per conto terzi prevalentemente nei settori delle rinfuse secche, e delle merci in colli.
Essa dispone di un terminal in concessione a Molo Sali, dell'estensione di 6,5 ha dotati di ban-

illustrated later, other firms are in the process of obtaining authorisation. The industries of Marghera are not considered among the port firms even though they carry out the loading and unloading operations of raw materials to their plants, and products from them, directly with their employees. They are included in the port users.

CIA spa

The CIA (Centro intermodale adriatico) works and for third parties, partially owned and partially franchised, situated on the West Canal. The terminal extends over 18 hectares and is equipped with wharves. Both covered and open areas are available for the storage of various goods, bulks and containers, and there are warehouses for the filling and emptying of the container as well as silos of 35,000 tons for dry bulks and a silo of 7,000 tons for cement. Its operations are mainly in the sectors of non-food bulks and baled goods. The plant is ex-industrial, adapted and integrated for its new use.

Fintitan geie

Fintitan geie (an economic group of European interest) works on its own behalf in the commercial cement sector. Its terminal between the North and Brentella canals is equipped with wharves and is partially owned and partially franchised. The plant is ex-industrial, adapted and integrated for its new use.

Multiservice

Multiservice works mainly for third parties in the sector of dry bulks and baled goods. It has a terminal in franchise at Molo Sali for an area of 6.5 hectares, equipped with wharves and also acts at Marittima on wharves and port areas

china e agisce inoltre a Marittima su banchine ed aree portuali determinate sulla base di una convenzione stipulata con l'Autorità portuale. La Multiservice dispone a Marghera di depositi coperti e scoperti.

5.2.4. Pagnan spa

La Pagnan opera per conto proprio prevalentemente nel settore delle rinfuse alimentari, sia per la trasformazione industriale che per la commercializzazione dei cereali.
Il terminal di cui dispone sul canale Sud è in parte di sua proprietà in parte in concessione: esso si estende per 8,5 ha è attrezzato da banchina. Dispone di silos per una capacità complessiva di 120.000 t.
Si tratta di impianti già industriali adattati e integrati per la nuova destinazione.

5.2.5. Servizi Portuali srl

La Servizi Portuali srl cura operazioni di movimentazione e deposito di merci, comprese quelle di stuffing e unstuffing, per conto terzi. Essa dispone in convenzione del magazzino 430 al molo A di Marghera.

5.2.6. Silos Granari del Veneto srl

La Silos Granari del Veneto srl opera per conto terzi prevalentemente nel settore cerealicolo.
Dispone di un terminal, parte di sua proprietà e parte in concessione, sul canale Nord a Marghera, dell'estensione di 4,6 ha attrezzati da banchina. Dispone di silo per una capacità complessiva di 26.000 t e di magazzini per grano e farine per 16.000 t.
Di tratta di impianti già industriali adattati e integrati per la nuova destinazione.

5.2.7. TIV srl

La TIV srl (Terminal Intermodale Venezia) è un'impresa della ex Compagnia lavoratori portuali che opera in conto terzi prevalentemente nei settori delle rinfuse non alimentari e delle merci in colli.

determined on the basis of an agreement signed with the Port authority. Multiservice has both covered and open storage at Marghera.

Pagnan spa

Pagnan works mainly on its own behalf principally in the sector of food bulks, both for the industrial transformation and for the commercialisation of cereals. The terminal it has on the South Canal is partly owned and partly in franchise, extends over 8.5 hectares and has a wharf. It also has silos for an overall capacity of 120,000 tons. The plants are ex-industrial, adapted and integrated for the new use.

Servizi Portuali srl

Servizi Portuali srl deals with movement and storage of goods, including stuffing and unstuffing for third parties. It has warehouse 430 in franchise on pier A in Marghera.

Silos Granari del Veneto srl

Silos Granari del Veneto srl works for third parties mainly in the cereal sector. It has a terminal partially owned and partially franchised on the North Canal in Marghera with an area of 4.6 hectares equipped with a wharf. It has silos for an overall capacity of 26,000 tons and grain and meal warehouses for 16,000 tons. The plants are ex-industrial, adapted and integrated for the new use.

TIV srl

TIV srl (Terminal Intermodale Venezia) is a firm of the ex-Dockers Company which works for third parties mainly in the sector of non-food bulks and baled goods. It has a terminal in franchise on Pier A of Marghera with an area of 25 hectares,

Essa dispone di un terminale in concessione a Molo A di Marghera dell'estensione di 25 ha serviti da banchina e dotato di depositi scoperti e magazzini.

La TIV agisce inoltre anche a Marittima su banchine e aree portuali individuate sulla base di una convenzione stipulata con l'Autorità portuale.

5.2.8. TMB srl

La TMB (Terminal Molo B) è la società che gestisce gli impianti del molo B operando in conto terzi. Essa è stata fondata dal Provveditorato al Porto, sostituito quindi dall'Autorità portuale, che ne è attualmente ancora unica proprietaria in attesa della prossima completa privatizzazione ai sensi della legge 84/94.

Essa dispone in concessione di tutti gli ormeggi - del molo B, del silo Piemonte da 100.000 t, di due magazzini specializzati per farine da 80.000 t complessive, del terminal carbone, del terminal per rinfuse e merci varie e del terminal ro-ro. Il complesso di quest'area si estende per 26 ha.

La TMB dispone inoltre a Marittima, sempre in concessione, degli impianti VIT, per la movimentazione e il deposito delle rinfuse liquide (oli, grassi, prodotti chimici, lattice di gomma): questi impianti consistono in un terminal con accosto preferenziale, attrezzato con serbatoi di 7.500 m³ di capacità complessiva.

5.2.9. TRM srl

La TRM srl (Terminal Rinfuse Marghera), ex Italiana Coke, opera per conto terzi sul terminale, in parte di sua proprietà e in parte in concessione, di cui dispone sul canale Nord di Marghera. Il terminal si estende per 10 ha attrezzati da banchina e dispone di aree di deposito scoperte e coperte e di silo della capacità di 10.000 t.

Il traffico che svolge riguarda prevalentemente carbone, minerali di ferro, sabbia silicea, fertilizzanti.

Si tratta di aree e impianti già a destinazione industriale adattati e integrati per il nuovo utilizzo.

equipped with wharves and open storage and warehouse. TIV also works at Marittima on the wharves and port areas indicated on the basis of an agreement with the Port Authority.

TMB srl

TMB (Terminal Molo B) is the company which manages the plants on Pier B on behalf of third parties. It was set up by the Superintendency of the Port, later substituted by the Port Authority, which is still the sole owner whilst waiting for the forthcoming complete privitisation according to law 84/94. It has in franchise all the berths of pier B, the silo Piemonte of 100,000 tons, 2 specialised meal warehouses of an overall capacity of 80,000 tons, the coal terminal, the bulk and general goods terminal and for the ro-ro terminal. The total area extends for 26 hectares. TMB also has in franchise the ex-VIT plants at Marittima for the movement and storage of bulk liquids (oils, fats, chemical products, rubber). These plants consist of a terminal with preferential docking facilities, equipped with storage tanks for an overall capacity of 7,500 cu.m.

TRM srl

TRM srl (Terminal Rinfuse Marghera) ex-Italiana Coke works for third parties, partially owned and partially in franchise along North Canal of Marghera. The terminal extends over 10 hectares and is equipped with a wharf, both covered and open storage and a silo of 10,000 tons. It deals mainly with coal, iron minerals, silica sand and fertilisers. The plants are ex-industrial adapted and integrated for the new use.

5.2.10. Vecon spa

La Vecon gestisce il traffico container e quello ro-ro nel terminal container, che ha in concessione a Marghera.

Il terminal si estende per 18 ha, serviti da banchina e accosti ro-ro ed è attrezzato da 4 gru per container oltre a un ampio parco di macchine operatrici per la movimentazione a piazzale e su navi ro-ro.

È prevista l'espansione del terminal a 25 ha con l'acquisizione di aree limitrofe.

Servizi regolari vi sono svolti da Borchard, Croatia, Grimaldi, Maersk-Sea Land, MSC, Norasia, Servizi Marittimi, ZIM, MXI e servizio feeder da e per Gioia Tauro.

5.2.11. Venezia Terminal Passeggeri spa

Tra le imprese portuali può essere considerata, anche se non lo è in senso tecnico, la Venezia Terminal Passeggeri spa, costituita tra Autorità Portuale, Regione Veneto, altri Enti locali e operatori privati, per fornire i servizi necessari al traffico passeggeri, come i controlli e l'assistenza allo sbarco e all'imbarco, comprese il carico, lo scarico e il deposito dei bagagli ecc. Essa assiste anche il carico e lo scarico delle automobili e dei camion per i traghetti ro-ro.

5.3. SERVIZI PORTUALI

L'attività portuale necessita di una grande quantità di servizi alle navi e alle merci, che occupano centinaia di aziende e migliaia di addetti.

5.3.1. Pilotaggio

Nel porto di Venezia il pilotaggio, con inizio da due miglia dalla testata delle dighe di Lido e Malamocco, è obbligatorio per tutte le navi di stazza lorda superiore a 500 t: quelle con stazza inferiore alle 500 t possono utilizzare il pilotaggio con assistenza VHF.

Il servizio, le cui tariffe sono regolate con decreto della Direzione marittima di Venezia, viene

Vecon spa

Vecon manages the container and ro-ro traffic in the container terminal in franchise in Marghera. The terminal extends over an area of 18 hectares, is served by a wharf, ro-ro berthing and is equipped with 4 cranes for containers as well as having an ample vehicle pool for the movement in parking bays and on ro-ro ships. The terminal is going to be extended up to 25 ha, including the adjoining areas. Regular services are carried out by Borchard, Croatia, Grimaldi, Maersk-Sea Land, MSC, Norasia, Servizi Marittimi, ZIM, MXI and service feeder to and from Gioia Tauro.

Venezia Terminal Passeggeri spa

Venezia Terminal Passeggeri spa can be considered among the port firms even though not in a strictly technical sense. It was set up by the Port Authority, the Veneto Region, other Local Governement Agencies and private operators to supply the services necessary to passenger traffic, such as checks and assistance in disembarking and embarking, including the loading, unloading and storage of luggage, etc. It also assists in the loading and unloading of automobiles and lorries for the ro-ro ferries.

PORT SERVICES

Port activities need a great quantity of services to the ships and goods which occupy hundreds of firms and thousands of workers.

Pilotage

Pilotage is compulsory in Venice for all vessels over 500 tons gross tonnage beginning two miles beyond the breakwaters at Lido and Malamocco. Vessels below 500 tons can use the pilotage with VHF assistance. The service is operated by the Pilots Corporation of the Veneto Estuary and tariffs are fixed by the Coastal Command. The Corporation is composed of 22 Master Mariners

svolto dalla Corporazione piloti estuario Veneto. La Corporazione è composta da 22 capitani di lungo corso e ha in dotazione una flottiglia moderna ed efficiente, composta da 6 pilotine di cui 4 Halmatic, con dotazioni di radar, ecoscandagli radiogoniometri VHF a ricerca automatica, da 1 Marchi ad alta velocità e da una pilotina motoscafo.

Essa ha sede a Venezia-Alberoni, località Rocchetta dove è in funzione la stazione di pilotaggio principale, dotata di torre piloti e impianto radar: una stazione secondaria è operativa a San Nicolò di Lido. Sono in servizio 24 ore su 24. Tutte le navi devono contattare la stazione piloti (VHF canale 13 e Venezia PT Radio) due ore prima dell'arrivo in rada per istruzioni circa la bocca di porto di entrata o l'eventuale sosta di attesa.

5.3.2. Rimorchio e salvataggio

Il servizio di rimorchio delle navi è in concessione alla Società rimorchiatori riuniti Panfido e C. La flotta della società è costituita da 13 rimorchiatori di potenza variabile tra 450 e 2.500 CV asse. Nel 1998 la flotta si arricchirà di due nuovi rimorchiatori da 5.300 CV ciascuno.

Le tariffe sono stabilite dalla Capitaneria di porto con apposite ordinanze.

5.3.3. Ormeggio

Il servizio di ormeggio e disormeggio da parte del Gruppo ormeggiatori del porto di Venezia è obbligatorio per le navi superiori a 500 tsl e per quelle inferiori a tale stazza se trasportano merci pericolose.

Il Gruppo è soggetto alla disciplina della Capitaneria di porto.

5.3.4. Bacini di carenaggio

Nel porto di Venezia sono disponibili per le operazioni di carenaggio e le riparazioni navali tre bacini di carenaggio gestiti dalla Società Arsenale spa, che dispone pure di due banchine attrezzate per le riparazioni navali.

5.3.5. Servizi ausiliari

Un grande e differenziato insieme di imprese

and is equipped with a modern and efficient fleet of 6 pilot boats of which 4 are Halmatics equipped with radar, sonar depth finders, VHF radiogoniometres with automatic search, from 1 Marchi to high speed, and a pilot motorboat. It is situated at Venice-Alberoni in the locality Rocchetta where there is the main pilot station, equipped with a pilot tower and radar equipment; a second station is in operation at S.Nicolò di Lido. The service is 24 hours a day. All ships must contact the pilot station (VHF chanel 13 and Venice PT Radio) 2 hours before arrival in the roadsteads for instructions regarding the access point to the port or possible waiting period.

Towage and Salvage

The towage is licensed to the Società Rimorchiatori Riuniti Panfido e C spa. The company's fleet is composed of 13 tugs from 450 to 2,500 hp. In 1998 the fleet will be enriched with 2 new tugboats of 5,300 hp each. The tariffs are established by the Harbour Master's Office.

Mooring

The mooring and unmooring service by the Gruppo Ormeggiatori del Porto di Venezia (Venice Port Mooring Group) is compulsory for ships of 500 tons gross tonnage and for smaller ships with dangerous cargo. The Group is supervised by the Harbour Master's Office.

Dry Docks

Venice port has 3 dry docks available, managed by Arsenale spa which also has 2 berths equipped for naval refits.

Auxiliary Services

A large and well differentiated range of firms offer

svolgono servizi ausiliari alle navi e alle imprese portuali. Si tratta esemplificativamente di fornitura di macchine operatrici – pale meccaniche autogru carrelli elevatori ecc. – di organizzazione di stiva, di stuffing e unstuffing, di rizzaggio, di riparazioni di bordo.

5.3.6. Portabagagli

Il servizio di imbarco e di sbarco dei bagagli nelle navi passeggeri è svolto in esclusiva dal Gruppo portabagagli del porto di Venezia.

5.3.7. Catering

Il servizio catering viene svolto da ditte private, alcune delle quali gestiscono anche magazzini in punto franco.

5.3.8. Bunkeraggio

Questo servizio viene espletato da numerose ditte private.

5.3.9. Guardie ai fuochi

La Cooperativa guardie ai fuochi sorveglia, a fini di sicurezza, la movimentazione delle merci pericolose ed è dotata di adeguata attrezzatura tecnica e navale.

5.3.10. Bonifica navi

Presso gli stabilimenti Enichem di Marghera è possibile effettuare lo smaltimento delle acque di lavaggio e di zavorra; presso AGIP Raffinazione quello delle acque di zavorra.

5.3.11. Gas free

Numerosi periti autorizzati provvedono alla constatazione della condizione di gas free delle navi che operano a Venezia.

5.3.12. Derattizzazione, disinfestazione e disinfezione

Alcune società private provvedono al servizio di derattizzazione.

auxiliary services to ships and port firms. For example the supply of vehicles or machines – mechanical shovels, mobile cranes, lift trucks, etc. – hold organisation, stuffing or unstuffing, lashing, on-board refits.

Porters

The loading and unloading of luggage on passenger ships is dealt with exclusively by the Gruppo Portabagagli (Porters Group) of Venice port.

Catering

The catering service is done by private firms, some of which also manage the warehouses in the free port.

Bunkerage

This service is carried out by numerous private firms.

Fire Guards

The Co-operativa Guardie ai Fuochi (Fire Guards Co-operative) supervises from a safety point of view the movement of dangerous goods and has adequate technical and naval equipment.

Ship's purging

It is possible to use a disposal service for waste water and ballast in the Enichem plants in Marghera, and ballast in the AGIP refinery.

Gas Free

Authorised personnel carry out gas free inspections of vessels.

De-ratting, Fumigation and Disinfection

Some private companies offer a de-ratting service.

5.4. UTENZA PORTUALE

L'utenza portuale è formata da alcune categorie di operatori economici: agenzie marittime, spedizionieri e case di spedizione, autotrasportatori. Si tratta di un complesso di oltre duecento aziende per ben oltre un migliaio di addetti.

Nell'utenza portuale vanno comprese anche le industrie di Marghera, che utilizzano il porto per la ricezione e la spedizione di materie prime e prodotti.

Si può considerare l'utenza portuale in senso più lato, comprendendovi tutti coloro che utilizzano i servizi del porto perché attraverso esso spediscono o ricevono la merce. Questo insieme di operatori – aziende industriali e commerciali – è distribuito nell'entroterra portuale e comprende probabilmente migliaia di imprese. Si può intendere con l'espressione utenza in modo ancora più ampio, facendovi ricadere tutte le attività che utilizzano direttamente o indirettamente i servizi del porto o ad esso ne prestano. È un universo enorme di imprese (assicurazioni, banche, libere professioni, commercio, ecc.) che realizza una redditizia integrazione economica tra lo scalo veneziano e il suo retroterra. I «chi è» che seguono danno un'idea approssimata per difetto di questo insieme di imprese.

5.4.1. *Agenzie marittime*

Le Agenzie marittime rappresentano nel porto gli armatori e prestano i servizi alla nave. Esse in pratica si sostituiscono agli armatori nella gestione dell'approdo della nave, nella ricerca e nella consegna del carico.

5.4.2. *Spedizionieri e case di spedizione*

Gli spedizionieri e le case di spedizione prestano servizio alla merce, curando anche il trasporto terrestre, oltre a quello marittimo: essi possono assicurare il servizio door to door.

5.4.3. *Autotrasportatori*

Numerose imprese di autotrasporto assicurano

PORT USERS

Port users are formed of several categories of economic operators: Shipping Agents, Forwarding Agents and Haulage Contractors; more than 200 firms with well over 1,000 workers. The industries of Marghera which use the port to receive raw materials and ship finished products are also included in this group. A wide-ranging interpretation of port users is all those who use the services of the port to ship or receive goods. This group of operators – industrial and commercial firms – is distributed in the port hinterland and probably includes thousands of firms. It is possible to understand the term in an even wider sense, including all those activities which use or supply the services of the port directly or indirectly. This is an enormous universe of firms (insurers, banks, freelance professionals, commerce, etc.) which produces a profitable economic integration between the Venetian port of call and its hinterland. The Yellow Pages of the port which follow give a defectively approximate idea of this range of firms.

Shipping Agencies

The Shipping Agencies represent the ship owners in the port and offer services to the ships. In practice they substitute the owner in the management of the mooring of the ship, in the search for and delivery of the cargo.

Forwarding Agents

The Forwarding Agents supply a service to the cargo, dealing with the land transport as well as by sea: they can ensure door-to-door service.

Haulage Contractors

Numerous firms of haulage contractors offer a

TAB. 11.
CARATTERISTICHE DEI BACINI DI CARENAGGIO / DRY DOCK CHARACTERISTICS

	massima lunghezza della nave *maximum ship length* m	massima larghezza della nave *maximum ship width* m	pescaggio alla soglia *draft at sill* m	massimo dwt della nave *maximum ship dwt* dwt
bacino n. 1 / *dock n⁺ 1*	90	13	5	3.000
bacino n. 2 / *dock n⁺ 2*	160	20,5	7,5	20.000
bacino n. 3 / *dock n⁺ 3*	250	32,5	10	75.000

TAB. 12.
CARATTERISTICHE DELLE BANCHINE / BERTH CHARACTERISTICS

	massima lunghezza della nave *maximum ship length* m	massima larghezza della nave *maximum ship width* m	pescaggio alla soglia *draft at sill* m	massimo dwt della nave *maximum ship dwt* dwt
Arsenale	300	23	7	30.000
Cantieri	250	35	7,5	90.000

un adeguato servizio di inoltro nell'entroterra di qualsiasi tipo di merce, sia solida che liquida. È garantito anche il trasporto di carichi eccezionali per dimensioni o peso.

5.4.4. Le industrie di porto Marghera

A Marghera sono attualmente insediate 295 aziende per 14.000 addetti. Le più importanti delle quali sono dotate di un accosto esclusivo per il carico scarico delle merci da spedire o ricevere via mare[1].
Il settore con maggior peso è il chimico con 4.157 addetti distribuiti in 16 aziende. Seguono il meccanico con 2.409 addetti in 49 aziende, il metallurgico con 1.556 addetti in 11 aziende, quello della ceramica dei refrattari e dei materiali da costruzione con 973 addetti in 8 aziende, quello dell'acqua del gas e dell'energia elettrica con 827 addetti in 7 aziende, il petrolifero con 740 addetti in 15 aziende e altri settori di minore importanza.

[1] Vedi 6. *Caratteristiche tecniche degli accosti.*

delivery service to the hinterland of any type of goods either solid or liquid. Transport of exceptional loads, for either size or weight, is guaranteed.

The Industries of Porto Marghera

At the moment 295 firms are situated in Marghera with 14,000 workers. The most important firms are equipped with their own mooring for the unloading of goods or the loading of products[1]. The most important sector is the chemical industry with 4,157 workers distributed in 16 firms; followed by mechanical engineering with 2,409 workers in 49 firms; then metal production with 1,556 workers in 11 firms; refractory ceramics and building materials with 973 employees in 8 firms; water, gas and electricity with 827 employees in 7 firms; petrol industry with 740 workers in 15 firms and other sectors of minor importance.

[1] *See:* 6. Technical Characteristics of the Moorings.

6.
Caratteristiche tecniche degli accosti
Technical characteristics of the moorings

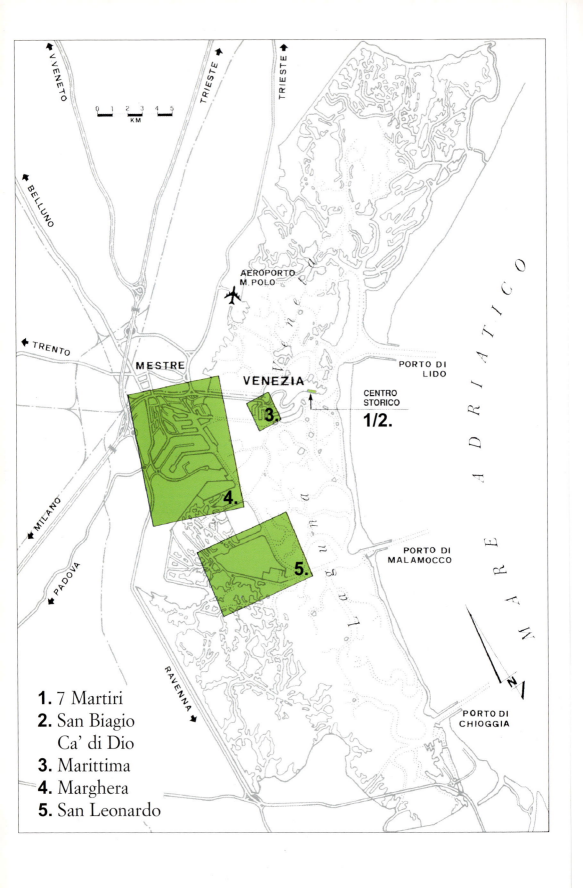

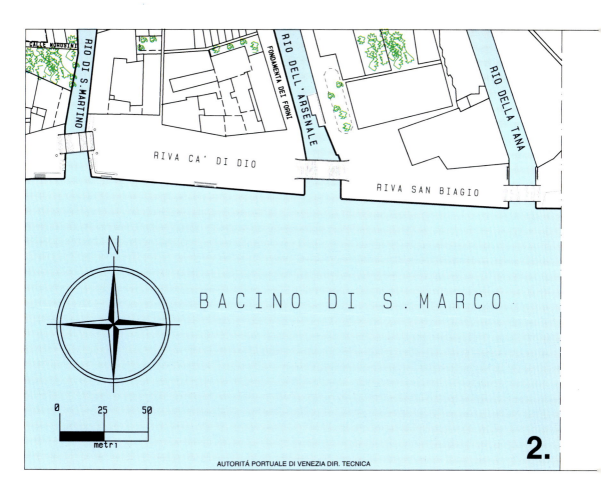

1/2. SETTORE COMMERCIALE / *COMMERCIAL SECTOR*

Centro Storico / *Historic Centre*

denominazione banchina *berth name*	accosti n° *mooring nr.*	lunghezza banchina *berth length* m	fondale su m.m. (P.R.) *depth (M.P.)* m	fondale effettivo *effective depth* m	tipo di traffico *type of traffic*
Riva 7 Martiri	2	360,63	-11,2	-9,15	passeggeri *passengers*
Riva San Biagio	1	96,35	-11,2	-9,15	passeggeri *passengers*
Riva Ca' di Dio	1	121,4	-11,2	-9,15	passeggeri *passengers*

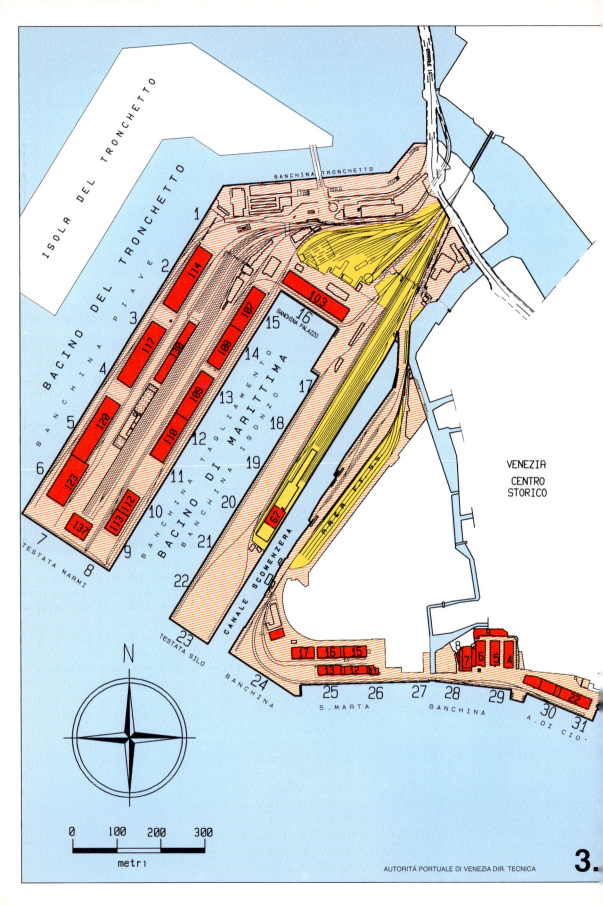

CARATTERISTICHE TECNICHE DEGLI ACCOSTI / *TECHNICAL CHARACTERISTICS OF THE MOORINGS*

3. SETTORE COMMERCIALE / *COMMERCIAL SECTOR*

Marittima

denominazione banchina *berth name*	accosti *moorings* n° identificativo *identification n°*	accosti ro-ro *moorings ro-ro* n°	lunghezza banchina *berth length* m	fondale su m.m. (P.R.) *depth (M.P.)* m	fondale effettivo *effective depth* m	collegamenti ferroviari *rail links*	mezzi fissi di banchina *fixed equipment on berth* tipo / *type*	portata *range* t	n° n'	magazzini *warehouses* n° n'	m²
Piave	1-2-3-4-5-6		858,8	-10	-7,5	si / *yes*	gru a braccio variabile *crane with variable arm*	1,5-3,0	9	5	43905
							gru a braccio variabile *crane with variable arm*	3,0-6,0	4		
Testata Marmi	7-8		233	-10	-6,4	si / *yes*	gru a braccio variabile *crane with variable arm*	1,5-3,0	3		
							gru a braccio fisso *crane with fixed arm*	30	1	1	2000
Tagliamento	9-10-11-12-13 14-15		726,7	-10	-7,5	si / *yes*	gru a braccio variabile *crane with variable arm*	1,5-3	4		33820
							gru a braccio variabile *crane with variable arm*	3,6	2		
Palazzo	16	1	150,75	-8	-7	si / *yes*				1	4800
Isonzo	17-18-19-20 21-22	1	741	-11	-9	si / *yes*	gru a braccio variabile *crane with variable arm*	6 - 12	4	1	1210
Testata Silo	23		103,2	-9,5	-4,8						
Santa Marta	24-25-26-27	1	463,6	-8	-6,7	si / *yes*			3	4	7981
Alessandro di Ciò (già San Basilio)	28-29-30-31	2	331,3	-9	-7,5	si / *yes*			3	7	15505

Navi passeggeri a San Basilio e Santa Marta, in alto;
nel bacino della Marittima, al centro;
gru sulle banchine della Marittima, in basso

Passenger ships: at the top at San Basilio and Santa Marta; in the centre in the Marittima bay; at the bottom: a crane on the wharves at the Marittima

piazzali di stoccaggio / king bays m²	tipo di traffico / type of traffic	stazione marittima / maritime station
6020	merci in colli / general cargo	
1600	merci in colli / general cargo	
4775	passeggeri e merci in colli (ro-ro) / passengers and general cargo (ro-ro)	
	passeggeri e merci in colli (ro-ro) / passengers and general cargo (ro-ro)	si / yes
39000	passeggeri e merci in colli e alla rinfusa / passengers, general cargo and bulk merci in colli / general cargo	
4200	passeggeri e merci in colli (ro-ro) / passengers and general cargo (ro-ro)	si / yes
	passeggeri e merci in colli (ro-ro) / passengers and general cargo (ro-ro)	si / yes

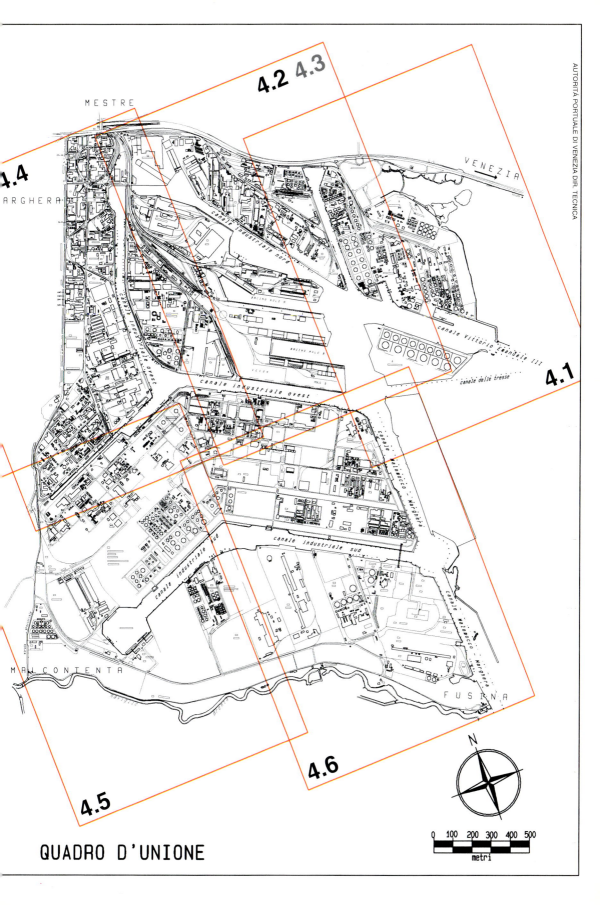

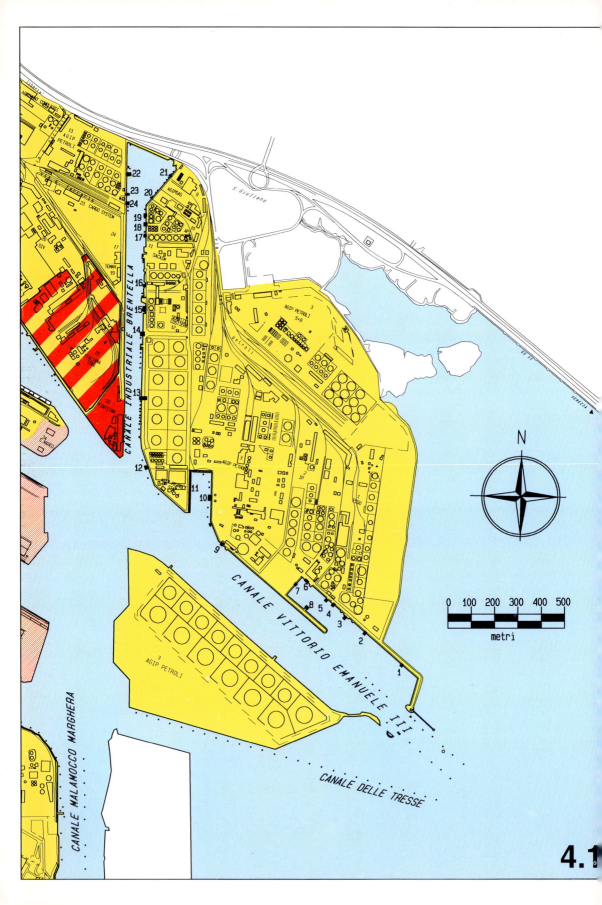

4.1. SETTORE INDUSTRIALE / *IND*

Marghera

denominazione banchina *berth name*	accosti *moorings* n° identificativo *identification n°*	zona *area*
Pyros 1B 2B 3B	14-15-16	canal Brente sponda
Api 3/B 4B	19-20	cana Brente darser sponda
Agip Covengas B	21	canal Brente darsen sponda
Agip P 1B 2B 3B	22-23-24	cana Brente darser sponda

ISTRIAL SECTOR (continua / continued)

lunghezza accosto *length*		fondale su m.m. (P.R.) *depth* (M.P.)	fondale effettivo *effective depth*	collegamenti ferroviari *rail links*	mezzi sbarco/imbarco *loading/unloading*			mezzi movimentazione *means of movement*		depositi costieri *storage facilities*	tipo di traffico svolto *type of traffic*
su briccole *at breasting dolphins* m	su banchina *at berth* m	m	m		tipo *type*	portata o capacità *range or capacity*	n° *n^r*	tipo *type*	n° *n^r*	capacità *capacity* m³	
204		-9	-6		gruetta *small crane*	1 t	2	pipeline a depositi costieri *pipeline to storage facilities*	7	40950	prodotti petroliferi *petrol products*
								bigo manovra manichette *manoevre boom with hoses*	1		
273		-9	-6,7		bigo per manichette *boom for hoses*	1,5 t	1	pipeline a depositi costieri *pipeline to storage facilities*	10	93029	prodotti petroliferi *petrol products*
					pipeline agli accosti *pipeline at mooring*		10				
107		-9	6,5								g.p.l.
250		-9	-6,5		pipeline *pipeline*		8	pipeline a depositi costieri *pipeline to storage facilities*	8	106000	prodotti petroliferi e *petrol products*

Nave in uscita sul canale Litoraneo e, sullo sfondo, impianti di raffinazione
Ship leaving the Littoral canal with refineries in the background

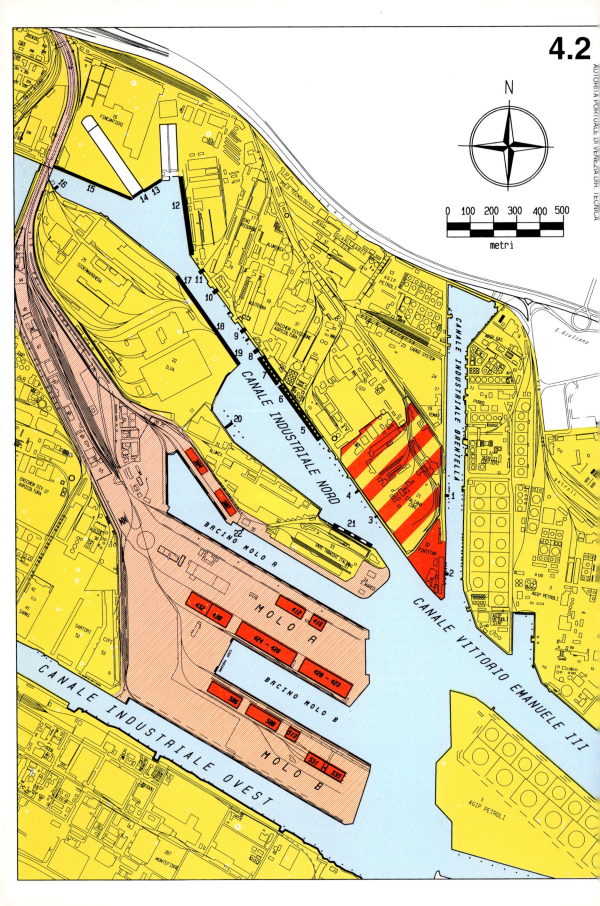

Fincantieri
Fincantieri shipyard

4.2. SETTORE INDUSTRIALE / *I*

Marghera

denominazione banchina *berth name*	accosti *moorings* / n° identificativo *identification n°*	ze *a*
Fincantieri all. 1N	15	cana
Petromar N	16	canal spond
Ilva 1N 2N 3N	17-18-19	cana spor
Ies 1N	20	cana spon
Emp. Sali N	21	cana sp po
Silo Vinario	22	da mo sponda

IL PORTO DI VENEZIA / *THE PORT OF VENICE*

DUSTRIAL SECTOR *(continua / continued)*

	lunghezza accosto *length*		fondale su m.m. (P.R.) *depth (M.P.)*	fondale effettivo *effective depth*	collegamenti ferroviari *rail links*	mezzi sbarco/imbarco *loading/unloading*			mezzi movimentazione *means of movement*			depositi costieri *storage facilities*		tipo di traffico svolto *type of traffic*
	su briccole *at breasting dolphins* m	su banchina *at berth* m	m	m		tipo *type*	portata o capacità *range or capacity*	n° *n'*	tipo *type*	n° *n'*		capacità *capacity* m³		
nord		325	-10	-6	si *yes*	gru *crane*	12-15	2						parti impianti *plant parts*
nord ovest		110	-6											bunker *bunker*
nord a est		456	-10	-8,5		ponti scaricatori a portale e a braccio *unloading bridge with portal arm*	32 t	4						prodotti siderurgici *steel products*
nord a ovest		pontile *wharf*	-10	-9		flessibile *hose*	900 t/h							
nord nda ente	122		-10	-5,4		gru *crane*	6 t	2	trasportatore a nastro *conveyor belt*					sale, tabacchi *salt, tobacco*
ena A levante	85		-7	-3,6	si *yes*	manichette *hoses*	150 t/h							vino *wine*

Canale industriale Nord
Second Industrial Zone-North canal

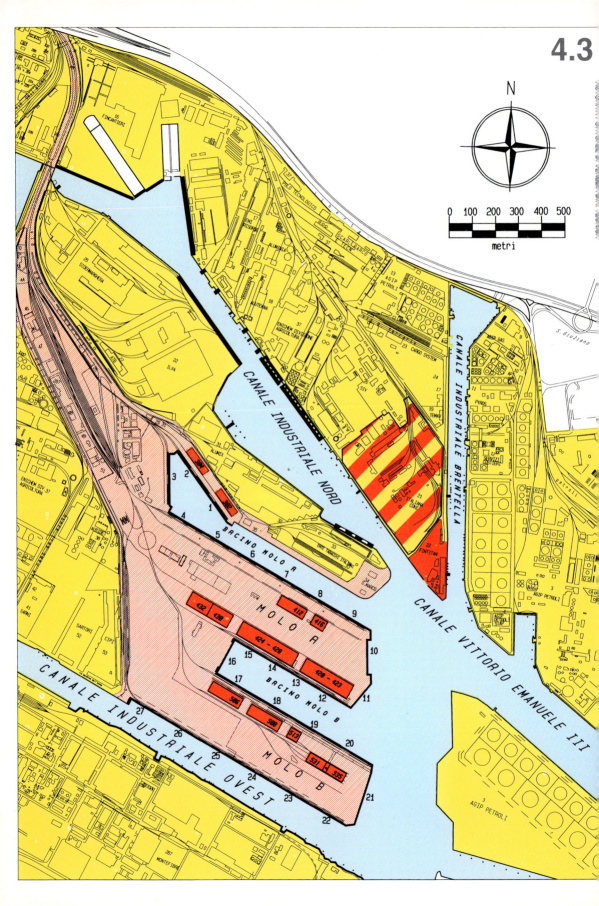

CARATTERISTICHE TECNICHE DEGLI ACCOSTI / TECHNICAL CHARACTERISTICS OF THE MOORINGS

4.3. SETTORE COMMERCIALE / COMMERCIAL SECTOR

Marghera

denominazione banchina *berth name*	accosti *moorings*	accosti ro-ro *moorings ro-ro*	lunghezza banchina *berth length*	fondale su m.m. (P.R.) *depth (M.P.)*	fondale effettivo *effective depth*	collegamenti ferroviari *rail links*	mezzi fissi di banchina *fixed equipment on berth*				magazzini *warehouses*
	n° identificativo *identification n°*	n°	m	m	m		tipo *type*	portata t *range t*	n° n'.	n° n'.	capacità in volume o superficie *capacity in surface or volume*
Friuli	A1-A2	1	376,6	-10	-8,2	si *yes*	gru a braccio variabile *crane with variable arm*	6 t	2	2	7275 m²
Cadore	A3	1	230,3	-10	-9,1	si *yes*	gru a braccio variabile *crane with variable arm*				
Veneto	A4-A5-A6-A7 A8-A9	1	1001,15	-10	-7,9	si *yes*	gru a braccio variabile *crane with variable arm*	3-6 t	6		8400 m²
Trento	A10		220	-4	-3		gru a braccio variabile *crane with variable arm*				
Bolzano	A11		132,65	-11	-9,6						
Lombardia	A12-A13-A14 A15		573,62	-11	-9,6	si *yes*	gru a braccio variabile *crane with variable arm*	3-12 t	6	4	30788 m²
Aosta	B16	1	165,52	-11	-9,4	si *yes*				2	12000 m²
Piemonte	B17-B18-B19 B20		770,88	-12	-9,6	si *yes*	ponti scaricatori *unloading bridges*	330 t/h	2	2	107000 m²
							scaricatore a coclea *screw unloaders*	600 t/h	1	1	
							aspiratori pneumatici *pneumatic aspirators*	300 t/h	4		

Movimento marmi e, in basso, il silo Piemonte
Marble movements and, below, the Piemonte silo

silos *silos* capacità *capacity* m³	piazzali di stoccaggio *parking bays* m²	tipo di traffico *type of traffic*
	7100	merci in colli e alla rinfusa *general cargo and bulk*
	36500	merci in colli *general cargo*
	40000	merci in colli e alla rinfusa *general cargo and bulk*
	26000	traffico fluviale *river traffic*
		merci in colli *general cargo*
	39235	merci in colli (ro-ro) *general cargo (ro-ro)*
35000		merci alla rinfusa (cereali e sfarinati) *bulk goods (cereal and meals)*

Il parco container e, in basso, scaricatori pneumatici
del silo Piemonte

*Container park and, below, pneumatic unloaders
at the Piemonte silo*

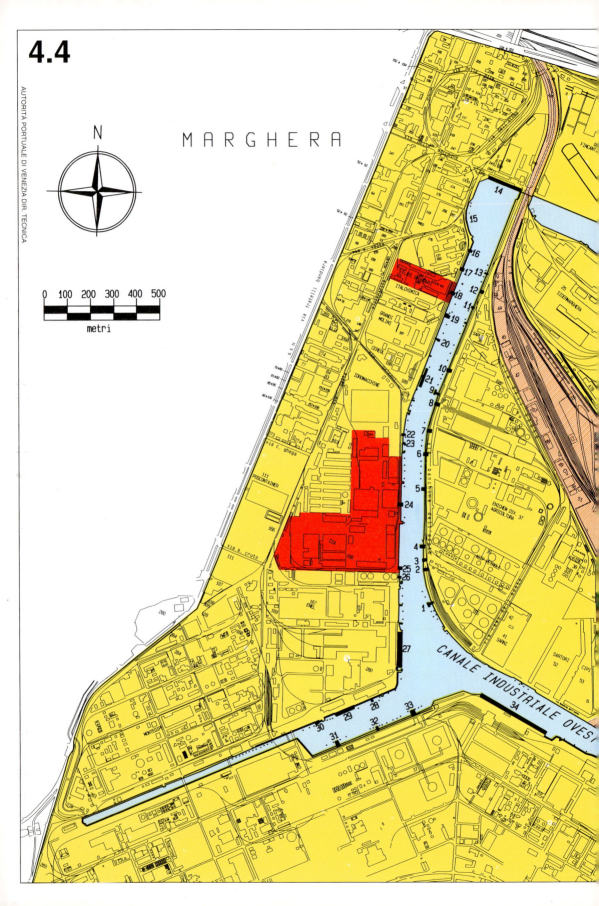

4.4. SETTORE INDUSTRIALE / I*

Marghera

denominazione banchina *berth name*	accosti *moorings* n° identificativo *identification n°*	z(a
Eraclit W	13	canal spon
Rimorchiatori Panfido W	14	da canal
Cantiere Rossato W	15	canal spond
Ecolmare W	16	canale spond
Silos Granari del Veneto W	17	canal spond
Italchimica W	18	canale spond
Grandi molini 1W 2W	19-20	cana spone
Cereol W	21	canal sp po

INDUSTRIAL SECTOR (continua / continued)

area	lunghezza accosto / length		fondale su m.m. (P.R.) depth (M.P.)	fondale effettivo effective depth	collegamenti ferroviari rail links	mezzi sbarco/imbarco loading/unloading			mezzi movimentazione means of movement		depositi costieri storage facilities	tipo di traffico svolto type of traffic
	su briccole at breasting dolphins m	su banchina at berth m	m	m		tipo type	portata o capacità range or capacity	n° n°	tipo type	n° n°	capacità capacity m³	
ovest a est	74		-9	-8		scaricatore fisso *fixed unloader*	3 t	1				magnesiti e derivati *magnesite and products*
ena ovest	152	39	-9	-8		gruetta fissa *small fixed crane*	0,7	1				servizio rimorchio navi *ship tug service*
ovest ovest	85		-9	-6		autogru semoventi *self-propelled mobile cranes*						costruzione e allestimenti navali *naval construction and fitting*
ovest ovest			-9	-6								deposito barche spugna *boat cleaning depot*
ovest ovest	185		-9	-8	si *yes*	torre aspirante pneumatica *pneumatic tower aspirator*	220 t/h	1	nastro trasportatore *conveyor belt* redler *redler*	1 1		cereali *cereals*
ovest ovest	58		-9	-8	si *yes*	ponte scaricatore *unloading bridge* pipeline per acido solforico *pipeline for sulphuric acid*	2 t	1			3080	materie prime per fertilizzanti, fertilizzanti *raw materials for fertilisers, fertilisers*
ovest ovest	188		-9	-8,2	si *yes*	aspiratore pneumatico *pneumatic aspirator*	250 t/h	1	nastri trasportatori *conveyor belts*	2		cereali *cereals*
ovest nda ente	130		-9	-7,9	si *yes*	aspiratore elettropneumatico *electric pneumatic aspirator*	150 t/h	2	nastro trasportatore *conveyor belt* redler *redler*	1 1		cereali *cereals*

4.4. SETTORE INDUSTRIALE /

Marghera

denominazione banchina *berth name*	accosti *moorings*	
	n° identificativo *identification n°*	
Enichem ME 2W 3W 4W	31-32-33	darse spo
Enichem ME 1W	34	can s su

INDUSTRIAL SECTOR *(continua / continued)*

ona rea	lunghezza accosto *length*		fondale su m.m. (P.R.) *depth (M.P.)*	fondale effettivo *effective depth*	collegamenti ferroviari *rail links*	mezzi sbarco/imbarco *loading/unloading*			mezzi movimentazione *means of movement*		depositi costieri *storage facilities*	tipo di traffico svolto *type of traffic*
	su briccole *at breasting dolphins* m	su banchina *at berth* m	m	m		tipo *type*	portata o capacità *range or capacity*	n° *n'*	tipo *type*	n° *n'*	capacità *capacity* m³	
									pipeline prodotti chimici *chemical product pipeline*	3		
na della ana da sud	537		-9	-8/7		bighi *booms*	0,5/3 t	4	pipeline prodotti petroliferi *petrol product pipeline*	29	100000	prodotti petroliferi e prodotti chimici *petrol products and chemical products*
									pipeline prodotti chimici *chemical product pipeline*	36		
e ovest onda ovest	300		-11	-9	si *yes*	ponti caricatori per saccheria per rinfuse *loading bridge for bulk bagging*	2000 sacchi/h *sacks/h* 300 t/h	2	nastri trasportatori *conveyor belts*	2		prodotti chimici secchi *dry chemical products*
						gru mobile su rotaie *mobile crane on rails*	3-8 t	2				

Industrie sul canale Ovest e, in basso,
ormeggio rimorchiatori
Industries on the West canal and, below, moored tugs

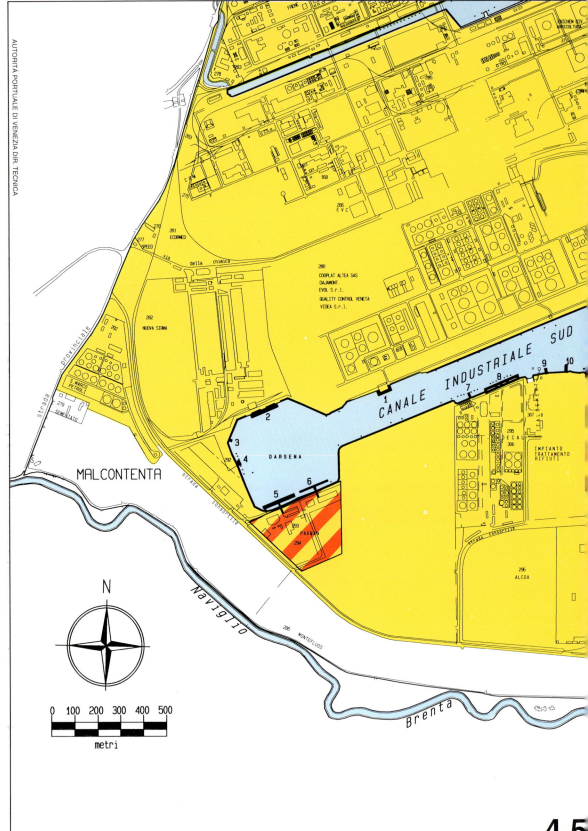

CARATTERISTICHE TECNICHE DEGLI ACCOSTI / *TECHNICAL CHARACTERISTICS OF THE MOORINGS*

4.5. SETTORE INDUSTRIALE / *INDUSTRIAL SECTOR*

Marghera

denominazione banchina *berth name*	accosti *moorings*	zona *area*	lunghezza accosto *length*		fondale su m.m. (P.R.) *depth* (M.P.)	fondale effettivo *effective depth*	collegamenti ferroviari *rail links*	mezzi sbarco/imbarco *loading/unloading*			movi...
	n° identificativo *identification n°*		su briccole *at breasting dolphins* m	su banchina *at berth* m	m	m		tipo *type*	portata o capacità *range or capacity*	n° n°	
Enichem ME 33S	1	canale sud sponda nord	300		-12	-9,7		bigo elettrico *electric boom*	1,5 t	1	pi pre pet petro pip
								bigo oleodinamico *oleodynamic boom*	1 t	1	pi prodo che produ
Sirma S	2	canale sud darsena	168		-12	-8		ponte scaricatore a benna *bucket unloading bridge*	10 t	1	n. trasp conve
San Marco petroli 1S 2S	3-4	canale sud darsena	350		-12	-9,7		braccio di carico e gru oleodinamica per manichette *loading arm and oleodynamic crane for hoses*		1	pip deposi pipe storage
Pagnan 1S 2S	5-6	canale sud darsena	297		-12	-9,7		aspiratore *aspirator*	250 t/h	1	n. trasp abbina conve combi r
								struttura telescopica *telescopic structure*	180 t/h	1	
Decal 1S 2S	7-8	canale sud sponda sud	307		-12	-9,7		bracci di carico *loading arms*		2	pip pip
Italcementi S	9	canale sud sponda sud	45		-12	-9,7		aspiratore *aspirator*		1	n. trasp conve
Stazione Amav travaso rifiuti solidi urbani ex CEM 1S	10	canale sud sponda sud		100	-4,5	-4,5		gru semovente *self propelled crane*	35 t/h	1	

Industrie della seconda Zona Industriale
e la darsena terminale del canale Sud
*Industries of the second Industrial Zone
and the terminal slip of the South canal*

mezzi mentazione *eans of vement*	depositi costieri *storage facilities*		tipo di traffico svolto *type of traffic*
po *pe*	n° *n°*	capacità *capacity* m³	
eline dotti oliferi *product line*	5	278200	prodotti petroliferi e chimici *petrol and chemical products*
eline chimici *nical pipeline*	6		
stro rtatore *or belt*	1		prodotti refrattari *refractory products*
line a costiero *ine to facilities*	5	154864	materie prime per fertilizzanti, fertilizzanti *raw materials for fertilisers, fertilisers*
stro rtatore a redler or belt ed with ller	2		cereali *cereals*
line *ines*	21	246225	prodotti petroliferi e chimici *petrol and chemical products*
stro rtatore *or belt*	1		cemento *cement*
			rifiuti solidi urbani *solid urban waste*

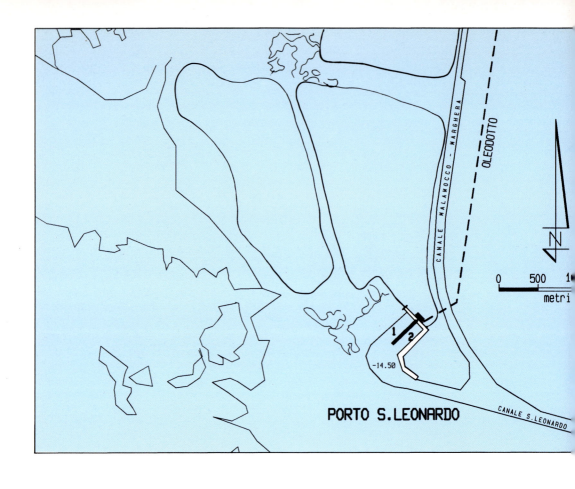

5. SETTORE INDUSTRIALE / *INDUSTRIAL SECTOR*
Marghera

denominazione banchina *berth name*	accosti *moorings*	zona *area*	lunghezza accosto *length*		fondale su m.m. (P.R.) *depth (M.P.)*	fondale effettivo *effective depth*	mezzi sbarco/imbarco *loading/unloading*			mezzi movimentazione *means of movement*
	n° identificativo *identification n°*		su briccole *at breasting dolphins* m	su banchina *at berth* m	m	m	tipo *type*	portata o capacità *range or capacity*	n° *n°*	tipo *type*
Agip P. S. Leo 1 S. Leo 2		porto S. Leonardo	720		-14,5	-13,7	bracci articolati *articulated arms*		2	pipeline su pontile *pipeline on bridge* pipeline da 42" a raffineria *42" pipeline to refinery*

Nave cisterna al porto di San Leonardo
Tankers in the port at San Leonardo

Indirizzi utili
Useful addresses

INDIRIZZI UTILI / *USEFUL ADDRESSES*

ATTIVITÀ DI SERVIZIO / *GENERAL SERVICES*

Nome *Name*	CAP *Post Code*	Indirizzo *Address*	Città *Town*	Telefono *Phone*	Fax	Telex
Attività portuali ***Port Activities***						
Autorità portuale (Provveditorato al porto) Sede centrale *Port Authority - Head Office*	30123	Zattere, 1401	Venezia	5334111	5334200	410344 PORTVE I
Autorità portuale (Provveditorato al porto) Sede Marittima *Port Authority - Marittima Office*	30135	Marittima	Venezia	5334111	5334600	
Autorità portuale (Provveditorato al porto) Sede Marghera *Port Authority - Marghera Office*	30175	Marghera	Venezia	5334111	5334300	
Autorità portuale - Stazione passeggeri Marittima *Port Authority* *Marittima Passenger Station*	30135	Marittima	Venezia	5334635		
Capitaneria di porto Sede delle Zattere *Harbour Master's Office* *Zattere Office*	30123	Zattere, 1411	Venezia	5203044	5203965	410242 COMPVE I
Capitaneria di porto Sede di San Marco *Harbour Master's Office* *San Marco Office*	30123	San Marco, 1324	Venezia	5205600		
Capitaneria di porto - Soccorso in mare centrale operativa *Harbour Master's Office - Rescue* *and Salvage Operation Command*			Venezia	5203296		
Genio civile opere marittime *Civil Engineers Maritime Works*	30135	Santa Croce, 1307	Venezia	5241575	5241575	
Comando Marina Venezia *Italian Navy Command*	30123	Arsenale	Venezia	5239739		
Comando fari e segnalamenti *Lighthouses and Signals* *Command*	30122	San Nicolò, 72 - Lido	Venezia	5268081		
Ufficio meteorologico aeroportuale (UMA) dell'Aeronautica militare *Italian Air Force Metereological* *Service*	30030	Aeroporto M. Polo	Tessera	661466		

INDIRIZZI UTILI / *USEFUL ADDRESSES*

Nome *Name*	CAP *Post Code*	Indirizzo *Address*	Città *Town*	Telefono *Phone*	Fax	Telex
Uffici finanziari ***Revenue Offices***						
Intendenza di finanza *Superintendency of Finances*	30124	San Marco, 3538	Venezia	2718111		
Compartimento doganale di Venezia *Customs Venice Department*	30170	Rampa Cavalcavia, 16	Mestre	2580411	5057061	411198 COMP VE
Direzione superiore della circoscrizione doganale *Customs Department Management Office*	30123	C.po Salute 1	Venezia	5222173	5206719	410828 DOG VE I
Sezione doganale Marghera industriale *Customs Marghera Industrial Section*	30175	V. dell'Elettricità 21	Marghera	930035		
Sezione doganale commerciale *Customs Commercial Section*	30175	V. del Commercio, fabb. n. 33	Marghera	937152		
Sezione doganale Marittima *Customs Marittima Section*	30123	Marittima	Venezia	5200938		
Sezione doganale Marghera AGIP Raffinazione *Customs AGIP Refinery Section*	30175	V. dei Petroli	Marghera	5313393		
Dogana aeroporto Tessera *Customs Airport Section*	30030	Aeroporto M. Polo	Tessera	5415991		
Laboratorio chimico compartimentale delle Dogane e delle I.I. *I.I. and Customs Chemical Laboratory*	30170	V. Ca' Marcello, 15	Mestre	5315311		
Ufficio tecnico imposte fabbricazione *Technical Office Production Tax*	30170	P.le Da Vinci, 8	Mestre	5381099		
Attività di Polizia e Vigilanza ***Police and Security Activities***						
Carabinieri - Comando provinciale *Carabineers - Provincial Command*	30124	San Zaccaria	Venezia	5204777		
Carabinieri - Compagnia Mestre *Carabineers - Mestre Company*	30170	V. Pascoli, 9	Mestre	961111		
Carabinieri - Sezione scali *Carabineers - Port of Call Section*	30135	Santa Croce, 191	Venezia	5225527		

INDIRIZZI UTILI / *USEFUL ADDRESSES*

Nome *Name*	CAP *Post Code*	Indirizzo *Address*	Città *Town*	Telefono *Phone*	Fax	Telex
Carabinieri - Pronto intervento *Carabineers - Flying Squad*						
Guardia di Finanza - Comando zona veneto tridentina *Finance Police - Veneto Command*	30125	C.po San Polo, 2128	Venezia	5209322	5242804	411095 LEFVE I
Guardia di Finanza - Comando VII legione Venezia *Finance Police 7th Legion Command Venice*	30125	C.po San Polo, 2128	Venezia	5209322		
Guardia di Finanza Comando nucleo regionale polizia tributaria *Finance Police - Regional Finance Command*	30170	V. Costa, 20	Mestre	5072611		411079 NUREVE I
Guardia di Finanza Stazione navale Venezia *Finance Police - Naval Station Venice*	30123	C.po Nani, 4 - Giudecca	Venezia	5225588		
Guardia di Finanza - Comando III gruppo (gruppo portuale) *Finance Police - Naval station Venice*	30175	V. F.lli Bandiera	Marghera	931411		
Guardia di Finanza - Comando stazione aerea Venezia Tessera *Finance Police - Airport Command*	30030	Aeroporto M. Polo V. Triestina 8	Tessera	5115146		
Questura centrale Venezia *Police Headquarters Venice*	30135	Santa Croce, 500	Venezia	2715511		
Polizia di frontiera-scalo Scalo marittimo *Border Police - Port*	30123	Sant'Andrea Marittima	Venezia	5238137		
Polizia di frontiera Aeroporto M. Polo *Border Police - Airport*	30030	Aeroporto M. Polo V. Triestina 8	Tessera	5415579		
Polizia di frontiera Stazione passeggeri *Border Police - Passenger Station*	30122	Riva 7 Martiri	Venezia	5286730		
Polizia di frontiera Stazione passeggeri *Border Police - Passenger Station*	30123	San Basilio	Venezia	5232198		
Polizia di frontiera Porto Marghera *Border Police - Marghera Port*	30175	V. del Commercio, Molo A	Marghera	926402		
Polizia - Soccorso pubblico di emergenza *Police Emergency Service*				113		

INDIRIZZI UTILI / *USEFUL ADDRESSES*

Nome *Name*	CAP *Post Code*	Indirizzo *Address*	Città *Town*	Telefono *Phone*	Fax	Telex
Polizia - Volante Mestre *Police - Flying Squad Mestre*	30170	V. Ca' Rossa	Mestre	981400		
Vigili del fuoco Comando provinciale *Fire Brigade - Venice Command*	30123	Dorsoduro, 3862	Venezia	5289911		
Vigili del fuoco - Sezione Mestre *Fire Brigade - Mestre*		V. Terraglio,	Mestre	5020288		
Vigili del fuoco - Sezione Porto Marghera *Fire Brigade - Marghera Port*	30175	V. Commercio, 1	Marghera	932430		
Vigili urbani - Comando Ca' Farsetti *Town Guards - Town Hall Command*	30124	Ca' Farsetti - San Marco, 4136	Venezia	2708203		
Vigili urbani - Direzione Mestre *Town Guards - Mestre*	30170	V. Slongo	Mestre	5339266		

Sanità
Health Offices

Nome *Name*	CAP *Post Code*	Indirizzo *Address*	Città *Town*	Telefono *Phone*	Fax	Telex
Ispettorato di porto *Port Health Ispectorate*	30135	Santa Croce, 1961	Venezia	5209752		
Ufficio del medico di porto *Port Medical Office*	30123	Zattere, 1416	Venezia	5225542	5205326	
Ufficio veterinario di porto *Port Veterinary Office*	30123	Zattere, 1416	Venezia	5221049		
Osservatorio delle malattie delle piante della Regione Veneto *Botanical Disease Observatory*	37122	Lungadige Capuleti, 11	Verona	594600	8008996	
Unità sanitaria locale *Local Health Department*						
Ospedale al mare Venezia *Hospital "al Mare" Lido Venice* - Pronto soccorso - *First Aid* - Trasporto malati - *Patient Transport*	30126	Lungomare Marconi	Lido	5294111 5261750 526590		
Ospedali civile Venezia *General Hospital Venice* - Pronto soccorso - *First Aid* - Trasporto malati - *Patient Transport*	30122	C.po Santi Giovanni e Paolo	Venezia	5294111 5294517 5230000	5294666	
Ospedale Fatebenefratelli *Hospital Fatebenefratelli*	30121	Cannaregio, 3478	Venezia	783111		

INDIRIZZI UTILI / *USEFUL ADDRESSES*

Nome *Name*	CAP *Post Code*	Indirizzo *Address*	Città *Town*	Telefono *Phone*	Fax	Telex
Ospedale civile "Umberto I" Mestre *General Hospital "Umberto I" Mestre*	30170	V. Circonvallazione, 50	Mestre	2607171	2607870	
- Pronto soccorso *- First Aid*				988988		
Policlinico Casa di Cura "San Marco" *Nursing Home "San Marco"*	30173	V. F. Zanotto, 40	Mestre	5071619		
- Pronto soccorso *- First Aid*						
Ospedale C. Villa Salus *Nursing Home "Villa Salus"*	30170	V. Terraglio, 114	Mestre	2906411		
Trasporto malati Croce d'Oro di soccorso *Patient Transport - Croce d'oro*	30170	V. Circonvallazione	Mestre	940100		
Trasporto malati - Croce Verde *Patient Transport - Croce Verde*	30170	V. Garrara	Mestre	917573		

Trasporti e Comunicazioni
Transport and Communications

Nome *Name*	CAP *Post Code*	Indirizzo *Address*	Città *Town*	Telefono *Phone*	Fax	Telex
Aeroporto Internazionale di Venezia "Marco Polo" SAVE s.p.a. *International Airport Marco Polo Venice SAVE spa*	30030	V. Triestina	Tessera	2606111	2606260	410013 AERVE I
- Ufficio merci *- Goods Office*				2606451		
- Informazioni voli *- Flight Information*				2609260		
- Direzione aeroportuale *- Management*				5415160		
- Ufficio traffico *- Traffic Office*				5415149		
Ferrovie dello Stato spa *State Railways spa*	30121	Cannaregio, Santa Lucia	Venezia	785111		
- direzione zona territoriale nord-est *- Management North East Area*						
- area merci nord-est *- Goods (North East)*						
- Informazioni viaggiatori *- Passenger Information*						
Telecom - Direzione regionale Veneto *Telecom - Veneto Region Management*	30170	V. Carducci, 24	Mestre	5336111		
Telecom - Direzione territoriale clienti business nord-est *Telecom - Business clients (North East)*		Pl. San Lorenzo Giustiniani	Mestre	5336111		

INDIRIZZI UTILI / *USEFUL ADDRESSES*

Nome *Name*	CAP *Post Code*	Indirizzo *Address*	Città *Town*	Telefono *Phone*	Fax	Telex
Telecom - Servizi radiomarittimi e di assistenza alla navigazione *Telecom - Maritime radio and assistance to Shipping*		Dorsoduro, 1485/b	Venezia	5224758		
Telecom - Bollettino nautico *Telecom - Shipping Forecast*				196		
Telecom - Informazioni elenco abbonati *Telecom - Directory Enquiries*				12		
Telecom - Comunicazioni nazionali *Telecom - National Communications*				10		
Telecom - Comunicazioni internazionali *Telecom - International Communications*				15		
Telecom - Comunicazioni intercontinentali *Telecom - Inter-continental Communications*				170		
Telecom - Dettatura telegrammi nazionali, esteri *Telecom - Telegram Service*				186		
Società Autostrade di Venezia e Padova s.p.a. *Venice and Padua Motorway*	30175	V. Bottenigo, 64/A	Marghera	5497111		
Autovie Venete s.p.a. Autostrada Venezia-Trieste *Venice Motorway*	34100	V. Locchi, 19	Trieste	3189111		
Centro operativo veneto per la navigazione interna *Veneto Operation Centre for Inland Navigation*	45100	V. della Pace, 1/D	Rovigo	475500	475440	

Altri servizi dello Stato
Other State Services

Magistrato alle Acque *Water Magistracy*	30125	Pal. x Savi	Venezia	744111	794311	
Prefettura di Venezia *Venice Prefecture*	30124	San Marco - Ca' Corner, 2661	Venezia	2703411	2703666	
Corte d'appello *Court of Appeal*	30124	San Marco, 4041	Venezia	5223970		
Procura generale della Repubblica *Public Prosecutor's Office*	30124	San Marco, 4041	Venezia	5222046		
Tribunale civile e penale *Magistrates' Court*						
Pretura di Venezia *Magistrates' Court*	30125	San Polo, 1772	Venezia	721631		

INDIRIZZI UTILI / *USEFUL ADDRESSES*

Nome *Name*	CAP *Post Code*	Indirizzo *Address*	Città *Town*	Telefono *Phone*	Fax	Telex
Altri servizi degli enti locali ***Other Local Services***						
Regione Veneto Giunta regionale *Veneto Region - Regional Board*	30123	Dorsoduro - Ca' Balbi, 3901	Venezia	2792111		410309 REVENE I
Regione Veneto Consiglio regionale *Veneto Region - Regional Council*	30124	San Marco - Ca' Ferro Fini	Venezia	2701111		410431 COREVE I
Regione Veneto Assessorato ai trasporti *Veneto Region - Transport Office*	30123	Dorsoduro - Ca' Balbi, 3901	Venezia	792850		
Provincia di Venezia *Venice Province*	30124	San Marco - Ca' Corner, 2662	Venezia	5290511	5204332	
Comune di Venezia *Venice Municipality*	30124	San Marco - Ca' Farsetti	Venezia	2708111	5200782	
Camera di commercio industria artigianato e agricoltura *Chamber of Commerce, Industry,* *Trade and Agriculture*	30124	V. XXII Marzo, 2032	Venezia	786330	786330	
Co.S.E.S.	30124	San Marco, 2893	Venezia	2712211		
Azienda provinciale per il turismo *Tourist Board*		Castello, 4421	Venezia	5298702		
Altre Istituzioni ***Other Institutions***						
Università Ca' Foscari di Venezia *University Ca' Foscari*	30123	Dorsoduro, 3246	Venezia	2578111	5210112	410638 UNIVVE I
Istituto universitario di architettura *University of Architecture*	30135	Santa Croce, 191	Venezia	5297711	5200108	420024 IUAV I

ATTIVITÀ IMPRENDITORIALI DI SERVIZIO ALLA NAVE / *SERVICES TO SHIP*

Nome *Name*	CAP *Post Code*	Indirizzo *Address*	Città *Town*	Telefono *Phone*	Fax	Telex
Agenzie marittime ***Shipping Agents***						
Adriamare s.r.l.	30123	Zattere, 1473a	Venezia	5210022	5225819	420401
Adriatica di Navigazione s.p.a.	30123	Zattere 1411	Venezia	781611	781894	410045
Adriatic Shipping Co. s.r.l.	30124	San Marco, 2098	Venezia	2711111	5203274	410134

INDIRIZZI UTILI / *USEFUL ADDRESSES*

Nome Name	CAP Post Code	Indirizzo Address	Città Town	Telefono Phone	Fax	Telex
Agemar s.r.l.	30123	Zattere, 1487	Venezia	5200660	5200661	410122
Agenavimar s.r.l.	30123	Zattere, 1395	Venezia	5236966	5285879	410102
Agencies s.r.l.	30175	V. San Orsato, 3d	Marghera	5381100	5380909	411106
Agenzia Favret s.r.l.	30173	V. Appia, 20	Mestre	5310000	5311001	410430
Bassani s.p.a.	30123	Dorsoduro, 1826 - P. Franco	Venezia	5227244	5230336	411067
Bellardi & C. s.a.s.	30135	Santa Croce, 563	Venezia	718611	718416	410271
Bos Umberto & C. s.n.c.	30123	Dorsoduro, 3540	Venezia	710933	710881	420834
Cattaruzza Shipping s.r.l.	30175	V. dell'Atomo, 6	Marghera	921620	928447	420838
Central Shipping Agency s.r.l.	30175	V. F.lli Bandiera, 45	Marghera	931644	935920	411427
Comin Giorgio	30175	V. Pesaro, 9	Marghera	937488	937629	418409
Dal Bon A. & C. s.a.s.	30175	V. F.lli Bandiera, 45	Marghera	5380815	5381118	420675
Duodo & C. s.n.c.	30175	V. delle Macchine, 15	Marghera	929933	929314	410252
E.A.A.M.S. s.r.l.	30175	V. San Orsato, 3d	Marghera	935833	930949	411106
Elmar Shipping Agency	30172	V. Torino, 133	Mestre	5316333	5319170	420091
Euroferries Venezia s.r.l.	30123	Santa Marta - Punto Franco	Venezia	5216666	5212929	410319
Faster s.r.l.	30123	Zattere, 1395	Venezia	5235201	5285879	410102
Gastaldi & C. s.p.a.	30171	V. Verdi, 34	Mestre	2905111	987365	411407
Genemar Shipping s.r.l.	30172	Corso del Popolo, 96	Mestre	5319855	5319827	420255
Globusmar s.r.l	30172	Corso del Popolo, 117	Mestre	5040149	958982	420234
Gusella & C. s.r.l.	30175	V. Benvenuto, 16/3	Marghera	936277	936004	411445
Marittima Veneziana s.r.l.	30135	Piazzale Roma, 515	Venezia	5204722	5204182	410154
Medimar	30030	V. Malcontenta, 14	Malcontenta	5470366	5470376	411439
Medov s.p.a.	30123	Zattere, 1473/A	Venezia	5203600	5287258	410156
Molin Paolo	30123	Zattere, 97	Venezia	5224191		
Navimeditalia s.r.l.	30175	V. F.lli Bandiera, 45	Marghera	5380102	5380798	410161
Nova Mar LDT s.n.c.	30123	Dorsoduro, 1826/A	Venezia	5229462	5229917	
Oceania s.r.l.	30175	V. F.lli Bandiera, 38	Marghera	5381394	5381312	
Oceanic Shipping AG. s.r.l.	30130	V. San Donà 350	Favaro Veneto	630016	630016	
Cap. Giuseppe Patella s.r.l.	30124	San Marco, 1757	Venezia	5206033	5206763	410276
Radonicich G. & Co. s.r.l.	30123	Santa Marta, 1826/A	Venezia	5216611	2410065	410029
Sagemart s.r.l.	30173	V. Forte Marghera, 193/E	Mestre	5317077	5317138	418414

INDIRIZZI UTILI / *USEFUL ADDRESSES*

Nome *Name*	CAP *Post Code*	Indirizzo *Address*	Città *Town*	Telefono *Phone*	Fax	Telex
Egidio Salvagno s.r.l.	30123	Zattere, 1511	Venezia	5224369	5209993	410547
Mirco Santi s.r.l.	30172	V. Cappuccina, 40	Mestre	975800	975596	410360
Spersenior Shipping Agency s.n.c.	30123	Dorsoduro, 3478	Venezia	710111	710362	411152
Team Shipping Agency s.r.l.	30172	V. Torino, 65	Marghera	5319488	5319565	411176
Tonolo International Transit s.r.l.	30175	V. dell'Elettricità, 21	Marghera	923980	931665	410131
Carlo Tonolo Fu Matteo sede legale	30135	Santa Croce, 1322	Venezia	923980	931665	410131
Carlo Tonolo Fu Matteo sede operativa	30175	V. dell'Elettricità, 21	Marghera	925339	931665	410131
Tositti & C. s.r.l.	30123	Zattere, 1473/A	Venezia	2712511	5205060	420579
Traspedi s.n.c.	30123	Dorsoduro, P. Franco, 1826	Venezia	5210733	5210631	410191
Agenzia Tripcovich s.r.l.	30176	V. San Orsato, 3/H/2	Marghera	2500311	2500299	420242

Armatori
Ship Owners

Nome *Name*	CAP *Post Code*	Indirizzo *Address*	Città *Town*	Telefono *Phone*	Fax	Telex
Adriatica di Navigazione s.p.a.	30123	Zattere, 1411	Venezia	5204322	781894	410045 ADRNAV I
Fluvio Padana s.r.l.	30123	Zattere, 1395	Venezia	5282905		
Rimorchiatori Riun. Panfido & C. s.p.a.	30122	Castello, 4164	Venezia	5204422	5235158	410489 PANFID I
Petromar s.r.l.	30170	Viale Stazione, 20	Mestre	929408		520250 PROMAR I
Sicula Partenopea di Navigazione s.p.a.	30123	Dorsoduro, 1415	Venezia	5205822	5210567	410118 SINAV I
Stargas s.p.a.	30170	V. Felisati, 61	Mestre	5497711	5497709	410447

Assicurazioni, commissari d' avaria
Insurance Companies, Average Adjuster Agents

Nome *Name*	CAP *Post Code*	Indirizzo *Address*	Città *Town*	Telefono *Phone*	Fax	Telex
Alleanza Assicurazioni s.p.a.	30170	V. Filiasi, 55	Mestre	951983		331303 ASVITA I
Studio Peritale Agostini Giacinto	30124	San Marco, 3227	Venezia	5206899	5206810	433149 GIACOS I
Ausonia s.p.a.	30170	V. Mestrina, 62	Mestre	940922		
Broker Veneto Assicurazioni	30170	V. Einaudi, 64	Mestre	952951	983065	
Cipolato Anna Assicurazioni	30124	San Marco, 1757	Venezia	5206611	5205807	433275 ORSEOL I
Compagnia Assicuratrice Unipol	30170	Corso del Popolo, 146	Mestre	936977		
Compagnie Riunite	30170	V. Rosa, 24	Mestre	961428		

INDIRIZZI UTILI / *USEFUL ADDRESSES*

Nome *Name*	CAP *Post Code*	Indirizzo *Address*	Città *Town*	Telefono *Phone*	Fax	Telex
De Spirt Giuseppe s.a.s.	30124	San Marco, 2887	Venezia	5210600	5287548	410440 DESPIR I
Generali Assicurazioni s.p.a.	30124	San Marco, 105	Venezia	789111	789651	420012 GRALI I
Giordano Bruno Assicurazioni s.n.c.	30170	V. Carducci, 38/A	Mestre	959511	959511	
Faraguna Lucio Assicurazioni	30170	V. Mestrina, 62	Mestre	957901		
I.N.A. - Assitalia	30124	V. XXII Marzo, 2103	Venezia	5209811	5287998	420381 INA VE I
Italia Assicurazioni	30170	Piazzetta Pescheria, 3	Mestre	988750		
La Fondiaria s.p.a.	30124	Bacino Orseolo, 1754	Venezia	5205071	5225802	
La Previdente	30170	V. Mestrina, 6	Mestre	5256663		
Lavoro & Sicurità	30170	V. Mazzini, 6/8	Mestre	984890		
L' Italica	30124	San Marco, 1253	Venezia	5223446	5225880	
Lloyd Adriatico s.p.a.	30170	V. Puccini, 3	Mestre	980955	980854	
Lloyd' s Agency	30122	Riva degli Schiavoni, 4150	Venezia	5206755	5206574	410029 RAMASI I
Lloyd Italico	30124	Calle Giustinian, 2887	Venezia	5210600	5287548	
Longobardi L. & F s.p.a.	30124	San Marco, 1757	Venezia	5223733	5287778	410149 ALSLONGI
Milano Assicurazioni	30170	V. Carducci, 38/A	Mestre	959511	959511	
Orseolo Assicurazioni s.r.l.	30124	San Marco, 1757	Venezia	5206611	5205807	420694 ORSEOL I
Radonicich G. & C.	30122	Riva degli Schiavoni, 4150	Venezia	5206755	5206574	410029 RAMASI I
RAS Riunione Adriatica di Sicurità	30170	V. Verdi, 33	Mestre	985444		
Reale Mutua Assicurazioni	30170	V. Terraglio, 1	Mestre	983229		
SAI	30124	C.po San Bartolomeo, 5396	Venezia	5224278		
The Institute of London Underwriters	30122	Riva degli Schiavoni, 4150	Venezia	5206755	5206574	410029 RAMASI I
Toro Assicurazioni	30170	Riviera XX Settembre, 60	Mestre	972755		
UAP Assicurazioni	30170	V. Pepe, 2	Mestre	988419	988419	271093 GENUAP I
Viscuso Giulio	30124	San Marco, 926	Venezia	5200680	5223808	410090 ASSNAV I
Vittoria Assicurazioni	30170	V. Verdi, 4	Mestre	972341		

Bacini di carenaggio
Dry Docks

Arsenale Venezia s.p.a.	30175	Castello, 2737/F	Venezia	798511	5200982	410255 ARSVEN I

Nome / Name	CAP / Post Code	Indirizzo / Address	Città / Town	Telefono / Phone	Fax	Telex
Bunker trasporti e fornitura / *Bunker Barging and Supply*						
Calzavara G. & L. s.n.c.	30123	Punto Franco, 1826	Venezia	5225251		215643 CALVE I
Petromar s.r.l.	30171	Viale Stazione, 20	Mestre	926385		420250 PROMAR I
Cantieri navali / *Shipyards*						
Fincantieri Cantieri Navali Italiani s.p.a.	30175	V. delle Industrie, 18	Marghera	666111	666415	410106 FINCNA I
Cantiere Navale De Poli s.p.a.	30010	V. dei Murazzi, 1216	Pellestrina	967012	967730	410274 DE POL I
Società di Gestione Cantiere Navale A. Lucchese s.a.s.	30133	Giudecca, 604	Venezia	5231261	5209893	420321 LUCC VE I
Disinfezione, disinfestazione, derattizazione / *Disinfection, Fumigation, and De-ratting*						
Enthomos	30173	Riviera M. Polo, 1	Mestre	980611		
Disinfestazioni universali di E. Acerboni	30123	Dorsoduro, 3407	Venezia	971798		
	30175	V. Trieste, 36/C	Marghera	5380406		
Ingegneri e periti navali / *Naval Engineers, Ship Superintendents*						
Ing. Bogi Mazzino	30172	V. Fogazzaro, 14	Mestre	930278		
Cap. L. C. Giulio Meotto	30125	San Polo, 1104	Venezia	5232230		
Cap. Armando Sasso	30170	V. Ulivi, 2	Mestre	981001	981001	
MTTB Ing. Jori Ottavio s.r.l.	30172	V. Lazzari, 10/3	Mestre	988677	988968	431307 JORMTB I
Naval Consult Venezia	30174	Calle del Sale, 51/4	Venezia	981749	981558	410263 CSAVE I
Studio Tecnico Navale Giorgetti s.a.s.	30133	Giudecca, 808	Venezia	5203360	5227698	311861 GIORG I
Manutenzioni, riparazioni, demolizioni / *Maintenance, Repair and Demolition*						
Meccanica Lagunare s.r.l.	30175	V. dell' Azoto, 9	Marghera	952576	5380930	420237 MECLA I
Arsenale Venezia s.p.a.	30175	Castello, 2737/F	Venezia	798511	5200982	410255 ARSVEN I
Clodiense Opere Marittime A. Scutteri	30173	V. San Giuliano	Mestre	5310712	5311379	

Nome *Name*	CAP *Post Code*	Indirizzo *Address*	Città *Town*	Telefono *Phone*	Fax	Telex
Italmar s.r.l.	30172	P.le Leonardo da Vinci, 8	Mestre	5059432		410542 APIVE
Lavori Marittimi e Dragaggi A. Boscolo	30030	V. Moranzani	Fusina	5470190	698173	
Maggiolo Italo & C. s.n.c.	30030	V. Malcontenta, 32	Malcontenta	698031		
Nautilus Società Consortile s.r.l.	30175	V. della Pila, 6	Marghera	920832	920832	
Officina Diesel Mosè Pauletto s.n.c.	30175	V. delle Macchine, 1	Marghera	935040		
Pietro & Ing. Aldo Foccardi e F.lli	30122	Castello, 1385	Venezia	5236460		
Se.R. Navi s.n.c.	30175	V. dell' Azoto, 19	Marghera	921603		410554 SRNAVI I
Silmar s.r.l.	30170	V. Lazzari, 28	Mestre	987083		410542 APIVE
Studio Sub s.a.s.di Cervellin L. & C.	30122	Castello, 3823	Venezia	5286058	523458	218416 STUSUB I
Transmar di M. Scarparo & C.	30172	Loc. Punta San Giuliano, 14	Mestre	5310711		
Trevisan Legnami s.p.a.	30133	Giudecca, 753	Venezia	5223392		

Marine bulk surveyor
Marine Bulk Surveyors

Nome	CAP	Indirizzo	Città	Telefono	Fax	Telex
Chemitank s.n.c.	30030	V. Mancaltor, 35	Malcontenta	5470233	698372	223421 CHTK I
SGS Redwood Italia s.r.l. Saybolt	30175	V. dell'Elettricità, 21	Marghera	2902511		

Officine elettromeccaniche
Electro-mechanical Workshops

Nome	CAP	Indirizzo	Città	Telefono	Fax	Telex
An.Pul. s.a.s. di De Candido G. & C.	30170	V. Ca' Marcello, 45	Mestre	931666		
Elettrotecnica Pagan s.r.l.	30175	V. F.lli Bandiera, 83	Marghera	937177		433261 ELEPAG I
Nuova SICEM s.r.l.	30170	V. U. Vallenari, 31	Mestre	615777	5341843	410356 ASSIVE I

Periti gas free
Gas free Surveyors

Nome	CAP	Indirizzo	Città	Telefono	Fax	Telex
Rinaldo Dr. Paolo	30125	San Pantalon, 3707	Venezia	5287177		
Studio Tecnico Ind. Ing. M. Minosso	30174	V. San Fermo, 6	Mestre	985990		
Disinfestazioni Univ. di E. Acerboni	30123	Dorsoduro, 3407	Venezia	971798	5380406	

INDIRIZZI UTILI / *USEFUL ADDRESSES*

Nome *Name*	CAP *Post Code*	Indirizzo *Address*	Città *Town*	Telefono *Phone*	Fax	Telex
Provveditorie marittime ***Ship Chandlers***						
Barbagelata Adriatica s.r.l.	30175	V. dell'Elettricità, 20	Marghera	921033	926273	410264 BEGRUP I
Dall'Orso Forniture Navali	30175	V. delle Macchine, 15	Marghera	5381362	5059571	410252 DUODO I
Ligabue Catering s.p.a.	30135	Piazzale Roma, 499	Venezia	791911	791661	410568 LIGVE I
Provveditoria Marittima Oceanic s.n.c.	30170	V. Ragusa, 11	Mestre	914988	916002	410356 OCVE I
Provveditoria Marittima A.Sonino s.a.s.	30123	Dorsoduro, 1826/A	Venezia	5235036	5200313	410384 SONINO I
Registri di classificazione ***Classification registers***						
American Bureau	30170	Corso del Popolo, 73/C	Mestre	962347	950352	
Bureau Veritas	16121	V. xx Settembre, 14	Genova	564279		010 543368
Det Norske Veritas Classification A/S	30172	V. Mestrina, 85	Mestre	962050	986619	440279 TOSIVE I
Lloyd's Register of Shipping	30170	Corso del Popolo, 179/15	Mestre	5311566	5310290	
	34121	Piazza Unità d'Italia, 1	Trieste	64420		040 362807
Registro Navale Italiano	30123	Dorsoduro, 1249	Venezia	5203177	5208451	270022 RINAV I
Ricarica estintori, impianti antincendio ***Fire-Extinguisher Re-charge and Anti-Fire Systems***						
Antincendi Marghera s.n.c.	30175	V. F.lli Bandiera, 55/B	Marghera	983064	938462	223246 BAAPPD I
B.M. di Busetto Mariano	30121	Cannaregio, 663	Venezia	716620		
Antincendi Mare Terra di Bonati Gino	30030	V. Orlanda, 221	Tessera	5415378		
	30125	San Polo, 2525	Venezia	5231005		
Riparazioni radar, riparazioni e compensazione bussole ***Radar Repair, Compass Repair and Adjustement***						
Ass. Tecnica Navale Elettronica GMS	30172	V. Roma, 30/4	Mestre	985477		
Compagnia Generale Telemar s.p.a.	30123	F.ta del Gaffaro, 3540	Venezia			
Marine Systems s.p.a. (Sperry)	30172	V. Aleardi, 18/A	Mestre	940353		270521 MARSYS I
Società Italiana Radio Marittima	30123	Zattere, 1485/B	Venezia	5224758	5230931	

Nome / Name	CAP / Post Code	Indirizzo / Address	Città / Town	Telefono / Phone	Fax	Telex

Ritiro immondizie
Waste disposal

Nome / Name	CAP / Post Code	Indirizzo / Address	Città / Town	Telefono / Phone	Fax	Telex
Cooperativa Nettezza portuale	30135	Santa Croce, 422/E	Venezia	5229288		

ATTIVITÀ IMPRENDITORIALI DI SERVIZIO ALLE MERCI / SERVICES TO CARGO

Nome / Name	CAP / Post Code	Indirizzo / Address	Città / Town	Telefono / Phone	Fax	Telex

Imprese portuali e terminalisti
Port and Terminal Firms

Nome / Name	CAP	Indirizzo	Città	Telefono	Fax	Telex
Centro Intermodale Adriatico s.p.a.	30175	V. dell'Elettricità, 21	Marghera	2591100	2591255	
Fintitan geie	30175	V. delle Industrie	Marghera	537308		
Italiana Coke s.r.l.	30175	V. delle Industrie, 52	Marghera	5317733	5316753	
Multi Service s.r.l.	30175	V. del Commercio, 380	Marghera	921898	5380898	
Pagnan s.p.a.	30030	V. dell'Elettronico, 3	Malcontenta	698177	698822	
Servizi Portuali s.r.l.	30175	V. del Commercio, 380	Marghera	5334516	5334496	
Silos Granari del Veneto s.r.l.	30175	Banchina Molini, 18	Marghera	930900	920941	
T.I.V. s.r.l.	30135	Marittima Tronchetto	Venezia	5200033	5235857	
T.R.M. s.r.l.	30175		Marghera	5317733	5316753	410215
T.M.B. s.r.l.	30175	Molo B	Marghera	5334484	5334300	
VECON s.p.a.	30175	Molo B	Marghera	2582711	5380944	
Venice Intertrans	30135	Marittima - Molo Ponente	Venezia	5221946		
Venezia Terminal Passeggeri s.p.a.	30135	Marittima	Venezia	5334279	5334600	

Spedizionieri, case di Spedizione
Forwarding Agents

Nome	CAP	Indirizzo	Città	Telefono	Fax	Telex
Adriamare s.r.l.	30123	Zattere, 1473/A	Venezia	5210022	5225819	420401
Adriatica Spedizioni di A. Bach	30124	San Marco, 2597	Venezia	5201945	5208777	410198
Agestar s.r.l.	30030	V. Malcontenta, 12	Malcontenta	698011	698343	420361
Albarea e C. s.a.s.	30175	V. dell'Elettricità, 7/A	Marghera	5380995	5380995	
Albatros s.p.a.	30172	V. Torino, 65/22	Mestre	5310322	5310554	411176
Alghesped s.r.l.	30135	Santa Croce, 328 int. 5	Venezia	710822	710969	410852

TERMINAL INTERMODALE VENEZIA

Mezzi specializzati e personale qualificato per fornire servizi efficienti perfettamente integrati unendo le tradizioni del lavoro portuale veneziano con le tecnologie più avanzate.
Sbarco, imbarco, scarico e movimentazione di merci nel porto commerciale e industriale. Gestione vaste aree, banchine attrezzate, ampi magazzini doganali coperti ed una efficiente e veloce rete telematica.

TERMINAL INTERMODALE VENEZIA s.r.l.

Società del Gruppo
Compagnia Lavoratori Portuali di Venezia
Rampa del Tronchetto - 30135 Venezia
tel 041.5334743 - 041.5334775
fax 041.5235857
Internet: www.portve.interbusiness.it/tiv
E-mail: tiv@www.portve.interbusiness.it

INDIRIZZI UTILI / *USEFUL ADDRESSES*

Nome *Name*	CAP *Post Code*	Indirizzo *Address*	Città *Town*	Telefono *Phone*	Fax	Telex
Alpina Maritime Service s.r.l.	30172	V. Torino, 65	Mestre	5310677	5310116	410295
Apigi International s.a.s.	30175	V. Benvenuto, 14	Marghera	937244	931099	420203
Azzurra 90	30175	V. dell'Elettricità, 9/D	Marghera	935333	935491	
Baggio s.p.a.	30175	V. Benvenuto, 16	Marghera	935766	932420	410046
Billitz Successori s.p.a.	30030	V. Malcontenta, 22	Malcontenta	698228		410171
Botto s.r.l.	30123	Dorsoduro, 2476	Venezia	710700	710715	410434
Burlotti Spedizioni s.p.a. (filiale)	30175	V. Volta, 2	Marghera	932355	932058	420279
Carlo Donelli Adriatica s.r.l.	30175	Palazz. Ditte Molo A, 323	Marghera	923500	922393	410323
Carretta & Tavoni Int. s.r.l.	30030	V. Triestina, 200	Tessera	5415400	5415584	411448
Continental s.r.l.	30175	V. dell'Elettricità, 21	Marghera	5381516	5381581	410004
Corbetta Ilario & C. s.n.c.	30172	Corso del Popolo, 50/B	Mestre	980197	982404	433206
Cosmos s.r.l	30020	V. Moro, 47/12	Quarto d'Altino	823866	823828	411860
D.V.R. s.a.s.	30175	Casella Postale 4064	Marghera	929063	933109	
De Valier & Cordella s.a.s.	30122	Castello, 3624	Venezia	5209060	5209058	410214
Eurosped s.r.l.	30175	V. dell'Elettricità, 11/H	Marghera	932648	932622	411467
Express Shipping Co. s.n.c.	30124	San Marco, 1578	Venezia	5206800	5231406	
Farinato s.r.l.	30171	V. Caposile, 7	Mestre	938288	938282	410299
Fiorini Omnia Service s.r.l.	30175	V. Volta, 2	Marghera	937866	937371	410021
Francesco Parisi s.p.a.	30172	V. Torino, 65/2-4	Mestre	2907511	5317799	
G.D.M.	30172	V. Mestrina, 94	Mestre	986674	989076	
Gi. To. Mar. s.n.c.	30175	V. Fabris, 1	Marghera	926071	937083	410458
Gierre s.d.f.	30131	Cannaregio, 4132/C	Venezia	5210311	5210779	
Global Shipping s.p.a.	31020	V. Roma, 2	Lancenigo	608850	608816	411307
Globus Sped s.n.c.	30172	V. Roma, 19	Mestre	5315725	5315731	410006
Gondrand s.p.a.	30172	V. Altobello, 99	Mestre	5313242	5317180	
Gruber Giuseppe s.p.a.	30175	V. Parco Ferr., 158	Marghera	932500	932510	
Gruden Archimede s.r.l.	30175	V. Ugo Bassi, 11	Marghera	935899	935264	410128
I. Barbon s.r.l.	30172	Corso del Popolo, 99	Mestre	959188	953606	420298
I.E.S. Int. Export Service s.r.l.	30135	Santa Croce, 1073	Venezia	718466	718365	411156

INDIRIZZI UTILI / USEFUL ADDRESSES

Nome Name	CAP Post Code	Indirizzo Address	Città Town	Telefono Phone	Fax	Telex
I.M.T. s.a.s.	30124	San Marco, 3559	Venezia	5209060	5209058	
Intersped s.r.l.	30123	Dorsoduro, 3624	Venezia	5241666	5245383	
Italshipping s.r.l.	30174	V. da Mestre, 19	Mestre	984655	987860	410201
Marisped s.r.l.	30173	V. Colombo, 23	Mestre	5350522	5350609	
Marodi Service s.a.s.	30171	V. Decorati al Valor Civile, 80	Mestre	5382143	922841	420209
Marzollo Carlo & Figlio s.a.s.	30175	V. dell'Elettricità, 21	Marghera	925889	931869	410131
Mazzoleni & Facori s.r.l.	30175	V. Colombara, 125/N-O	Marghera	929088	929457	
Metrasped Tiss s.r.l.	30030	V. Malcontenta, 12	Malcontenta	698300	698303	420239
Missaglia Ventura s.r.l.	30175	V. F.lli Bandiera, 38/1	Marghera	935888	929947	410294
Mondial International Transport s.a.s.	30171	V. Trento, 104	Mestre	981815	983801	
Multitrans s.r.l.	30173	V. Porto di Cavergnago, 71	Mestre	5350988	5351097	410064
Nord Est Spedizioni Trasporti s.r.l.	30172	Corso del Popolo, 146/c	Mestre	5319784	5319789	
Oltreitalia s.r.l.	30175	V. Tommaseo, 1/B-I	Marghera	929777	929350	
Orionmare s.r.l.	30175	V. dell'Elettricità, 7/A	Marghera	5381410	5380407	
Ormesani Spedizioni s.r.l.	30030	Aeroporto M. Polo V. Triestina, 8	Tessera	5415522	5415630	
Portisped s.a.s.	30175	V. Ramo della Pila, 15	Marghera	935055	935236	411453
Rialto di Vittorio de Pità	30123	San Basilio, 1677/8	Venezia	5225101	935524	410577
S.A.G.E.M. s.r.l.	30172	V. Cappuccina, 40	Mestre	974255	975596	410257
S.A.T.T.I.S. Succ. Guetta s.r.l.	30123	Zattere, 1493	Venezia	5204977	5207396	410437
S.D.C. s.r.l.	30123	D.D. Punto Franco Mag. 13	Venezia	5227332	5222810	
S.G.S. Servizi Agri-Logistici s.r.l.	30175	V. dell'Elettricità, 21	Marghera	2902511	5381180	410037
S.T.M. s.r.l.	30175	Palaz. Ditte Molo A, 323	Marghera	923544	926263	420278
Sadop s.r.l.	30030	V. Triestina, 54/24	Favaro Veneto	938036	938488	
Schenker Italiana s.p.a.	30173	San Giuliano, 4	Mestre	5319177	5319182	411476
Sea Air Travel Agency s.r.l.	30124	San Marco, 2410	Venezia	923186	420665	
Serenissima Spedizioni s.a.s.	31021	V. Svevo, 47/B	Mogliano	5903818	5903826	
Ship Service Venezia s.r.l.	30175	V. delle Macchine, 15	Marghera	929933	929314	410099
Siacet s.n.c.	30124	San Marco, 4590	Venezia	5200610	5208380	410170

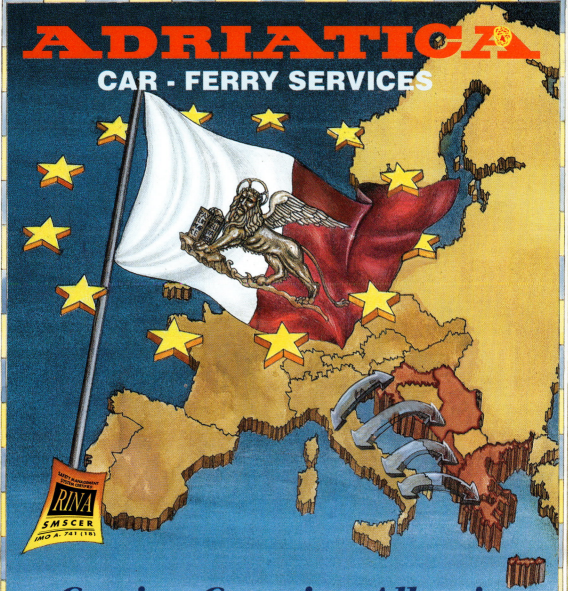

INDIRIZZI UTILI / *USEFUL ADDRESSES*

Nome *Name*	CAP *Post Code*	Indirizzo *Address*	Città *Town*	Telefono *Phone*	Fax	Telex
Sidersped s.r.l.	30175	V. Durando, 6	Marghera	927777	922792	410155
Silmar s.n.c.	30175	Dorsoduro, 1826	Venezia	5226799	5210607	420657
Sofis s.r.l.	30175	V. dell'Elettricità, 5	Marghera	5381324	5381201	420275
Spedizioni Scarpa s.n.c.	30174	Calle del Sale, 53	Mestre	986522	986535	410552
Ste.Ma.R. Shipping s.r.l.	30175	V. Mezzacapo, 13	Marghera	930899	935154	420286
T.G. Sped. s.r.l.	30172	V. Milano, 35	Mestre	972180	972493	
Tecnospedas s.n.c.	30175	Palaz. Ditte Molo A, 323	Marghera	937441	5381406	
Timet s.r.l.	30124	San Marco, 1654	Venezia	5225301	5236654	
Tonolo - Carlo Tonolo fu Matteo s.a.s. - sede legale	30135	Santa Croce, 1322	Venezia	921020	931869	410131
Tonolo - Carlo Tonolo fu Matteo s.a.s. - sede operativa	30175	V. dell'Elettricità, 21	Marghera	923422	931869	410131
Transadria s.n.c.	30172	V. Torino, 65/16	Mestre	5316688	5313430	420819
Transfer Freight Int. s.r.l.	30124	V. XXII Marzo, 2098	Venezia	2711109	5203274	410134
Travelimpianti s.r.l.	30175	V. Pesaro, 9/11	Marghera	937488	937629	418409
Veneta Lombarda Sped. s.a.s.	30172	V. Mestrina, 62	Mestre	986577	5313019	410428
Veneziana Sped. Salvesped s.p.a.	30123	Dorsoduro, 1393	Venezia	5225010	5206681	410428
Viglienzone Adriatica s.p.a.	30172	V. Torino, 65/A	Mestre	5310733	5310789	420230
Weltra Trasporti Int. s.p.a.	30135	Santa Croce, 328	Venezia	5203300	5203969	410320

Autotrasportatori
Haulage Contractors

AFP	30175	V. Pasini, 63	Marghera	923577		
Bossi Ezio & C. s.n.c.	30175	V. Parco Ferroviario, 196	Marghera	920777		
CAV Consorzio Trasportatori Veneti	30175	V. Benvenuto, 16/5	Marghera	938222	930111	223582 CAVMAR I
Continental Container Transport C.C.T.	30172	V. Ca' Marcello, 6	Mestre	935099		
F.ill Coan s.n.c.	30175	V. F.lli Bandiera, 56	Marghera	923344		
CO.IN.TRA s.n.c.	30175	V. Bottenigo, 71	Marghera	922711		223554 COITRA I
CO.RI.VE. Consorzio Ribaltabili V.to	30175	V. dell'Elettricità, 22/A	Marghera	980566		
CO.TRA.MAR. Consorzio Trasportatori	30175	V. Bottenigo, 129	Marghera	936431		411168 COTRAM I

QUADRANTE EUROPA
INTERPORTO DI VERONA

I SERVIZI

CENTRO DIREZIONALE:
* Laboratorio Chimico Doganale
* Veterinario di confine
* Bar, ristorante, telefono pubblico
* Banche, Ufficio Postale, Sale Conferenze
* Uffici di 30 spedizionieri doganali, internaz. e logistici
* Parcheggio sorvegliato per autovetture

CENTRO AUTOTRASPORTATORI:
* Moderna struttura suddivisa in 40 uffici
* Piazzale di 70.000 mq per parcheggio automezzi

PARCO SPORTIVO E PER TEMPO LIBERO:
* Superficie: 80.000 mq

DOGANA:
* Servizio fito - patologico
* Pratiche doganali
* Operazioni per importazione ed esportazione
* Piazzale di 65.000 mq con banchina di carico e scarico lunga 120 m.

CENTRO SPEDIZIONIERI:
* 50.000 mq di magazzini raccordati
* Groupage per esportazione ed importazione
* Raccolta e distribuzione
* Consegna campioni
* Stoccaggio e magazzinaggio
* Assistenza assicurativa e doganale
* Spedizioni aeree e marittime

CENTRI LOGISTICI:
* Area complessiva ferroviariamente raccordata di 220.000 mq
* Area di 150.000 mq occupata da Autogerma, distributore per l'Italia di Volkswagen, Audi, Seat, Skoda

MAGAZZINI GENERALI:
* Centro raccolta e smistamento merci
* Pratiche doganali e assicurative
* Rappresentanza fiscale
* Servizi intermodali
* Servizi di bimodalità (BTZ)
* Magazzinaggio e gestione integrata
* Movimentazione e trasbordo
* Picking
* Gestione, movimentazione e riparazione casse mobili e semirimorchi
* Servizi igienici, docce, telefono e telefax
* Uffici di rappresentanza e pratiche ammin.
* Banca dati
* Cerved
* Consulenza logistica e trasporti
* Ristorante e bar

SERVIZI AI MEZZI:
* Su 14.000 mq: operazioni di pronto intervento meccanico per auto treni, semirimorchi, autovetture; distibuzione carburanti e lavaggio
* Park TIR su 30.000 mq: aperto 24 ore su 24, guardia continua, guardiola, docce e servizi igienici, deposito casse mobili e semirimorchi
* Deposito containers su 16.000 mq

IMPIANTI FERROVIARI:
* Si estendono su 310.000 mq
* 17 aste presa e consegna treni su 150.000 mq
* Terminal per trasporti combinati su 160.000 mq con 12 binari lunghi 650 metri ciascuno
* Raccordo ferroviario: 8 binari lunghi 600 metri ciascuno per presa e consegna carri; binari per una lunghezza di 7 km
* Area ferroviaria di ampliamento su 490.000 mq
* Composizione treni blocco per l'Europa

CONSORZIO ZAI - Via Sommacampagna n.61 - 37137 VERONA **Tel.** 045/8622060 - **Fax** 045/8622219

INDIRIZZI UTILI / *USEFUL ADDRESSES*

Nome *Name*	CAP *Post Code*	Indirizzo *Address*	Città *Town*	Telefono *Phone*	Fax	Telex
CO.TRA.VE. Consorzio Trasportatori Veneti	30175	V. Cottolengo, 7	Marghera	921311	921038	
Italveneta s.r.l.	30030	V. Malcontenta, 32/C	Malcontenta	698377	698380	433262 ITATRA I
L'Automerci Spedizioni s.p.a.	30175	V. F.lli Bandiera, 188	Marghera	921577		
Pavan G.F. & C. s.a.s.	30030	V. Malcontenta, 16	Malcontenta	698022	698073	
Pastrello Autotrasporti s.r.l.	30170	V. Casilina, 12	Mestre	900877	901698	
Piccin F.lli Autotrasporti s.p.a.	30170	V. Orlanda, 8	Mestre	5312700		223524 PICME I

Corrieri espressi
Express Couriers

City Express s.a.s.	30172	V. Cappuccina, 86	Mestre	936355	922944	
D.H.L. Worldwide Express	30172	V. Torino, 111	Mestre	5312666	5310243	223476 DHLDCE I
H.B. Express s.r.l.	30175	V. delle Macchine, 1/G	Marghera	931364		
Send Italia	30124	San Marco, 5547	Venezia	5227719		
T.N.T. Traco Italia	30175	V. F.lli Bandiera, 142	Marghera	937600		420204 TRACVE I

Depositi e magazzini generali
General Warehouses and Stores

Centro Intermodale Adriatico s.p.a.	30175	V. dell'Elettricità, 21	Marghera	2591100	2591255	
Poscontainers s.p.a	30175	V. Cruto, 9	Marghera	936877		431458 POS I
Posmerci s.p.a.	30175	V. della Pila, 5	Marghera	937977		440234 POSME

Fardaggi e rizzature
Dunnage and Lashing

Cimitan Buhagiar & C. s.n.c.	30175	V. Villabona, 126	Marghera	620414		223567 CIBU VE I
RI-FOR s.n.c.	30030	V. Moranzani, 34	Malcontenta	5470244		
Salp s.r.l.	30123	Dorsoduro, 1450	Venezia	5238017		431458 POS I
Trevisan Legnami s.p.a.	30133	Giudecca, 753	Venezia	5223392		
Volpi Antonio	30175	V. Villabona, 5	Marghera	920158		

Servizi portuali
Port Services

A.B.C. Azienda Barche Cisterna s.p.a. *Fresh Water Supply*	30123	Dorsoduro, 923	Venezia	5238100	5238100	

INDIRIZZI UTILI / *USEFUL ADDRESSES*

Nome *Name*	CAP *Post Code*	Indirizzo *Address*	Città *Town*	Telefono *Phone*	Fax	Telex
Compagnia lavoratori portuali di Venezia *Company of Dockers*	30135	Marittima	Venezia	5200033	5235857	
Corporazione piloti estuario veneto *Pilots*	30011	Alberoni	Venezia	5260538	731313	
Gruppo ormeggiatori del porto di Venezia *Mooring Company*	30123	Zattere, 1510	Venezia	5223868	5204142	
Guardie ai fuochi del porto di Venezia *Antifire Service*	30175	V. Rizzardi, 50	Marghera	920100		
Osservatorio delle malattie delle piante della Regione Veneto *Botanical Disease Observatory of Veneto region*	37122	Lungadige Capuleti, 11	Verona	594600	8008996	
Rimorchiatori Riuniti Panfido & C. *Tugs*	30122	Castello, 4164	Venezia	5204422	5223561	410489 PANFID I
Portabagagli porto di Venezia *Porters*	30123	Dorsoduro, 1519	Venezia	5208488	5208005	

Stuffing
Stuffing

Servizi Portuali s.r.l.	30123	Zattere, 1401	Venezia	5334416	5334496	

Trasporti eccezionali
Special Loads

C.I.F.A. s.p.a.	30175	V. F.lli Bandiera, 45	Marghera	940700	940700	410411 FURCOG I
Cooperativa Scalo Fluviale Tronchetto	30135	Isola del Tronchetto	Venezia	5221705		
Pasqualetto s.p.a.	30175	V. della Pila, 8	Marghera	961104	5380442	215633 PAVSE I
Pesce Lino	30175	V. dell'Elettricità, 20	Marghera	971411	937762	411042 PESCE I
V.E.M. Veneziana Esercizi Marittimi	30122	Castello, 5312/A	Venezia	5206338	5206338	

Trasporti fluviali e lagunari
Inland Navigation

Veneziana di Navigazione Fluviale e Costiera s.p.a.	30121	Castello, 5312/A	Venezia	5205988	5206338	411087 NAVIVE I
C.A.T.I.L. Consorzio Artigiano Trasportatori Interni Lagunari	30121	Cannaregio, 5419/A	Venezia	5231777		433352 ARTIVE I

& C. S.n.c.

FONDATA NEL 1925
ASSICURAZIONI - COMMISSARIATI D'AVARIA

SOCIETÀ RAPPRESENTATE:

«Commercial Union» - Italia S.p.a. Milano

SASA ASSICURAZIONI - Trieste

UMS - GENERALI MARINE - Genova

«LE ASSICURAZIONI D'ITALIA» - Roma
Agenzie - Spec. Trasp.

TUTTE LE ASSICURAZIONI
ASSICURAZIONI MERCI

All'importazione e all'esportazione con le migliori Compagnie Nazionali ed Estere

COMMISARIATI D'AVARIA - PERIZIE

Consulenza e valutazione danni derivanti da avarie marittime.

30124 VENEZIA S. MARCO 924
C.P. 522 - Tel. 041/ 5223808 - 5200680
Fax 041/5230592

SHIP AGENTS
CUSTOMS BROKERS
FOWARDING AGENTS

Phone 041/2911911 r.a. - Telex 410252 - 410099
Fax 041/2911930

HEAD OFFICE: Venezia - Porto Marghera - via delle Macchine, 15
P.O. Box 426 Mestre P.T.
Cableaddress: DUODOZATTERE

BRANCH OFFICE: Chioggia - Loc. Saloni - Phone: 041/404833

INDIRIZZI UTILI / *USEFUL ADDRESSES*

Nome *Name*	CAP *Post Code*	Indirizzo *Address*	Città *Town*	Telefono *Phone*	Fax	Telex
Trasporti Container ***Container Transport***						
Autotrasporti Il Servizio	30030	V. Romea, 10	Malcontenta	5470243	5470070	440227 SERVE I
Consorzio Trasportatori Marghera	30175	V. Bottenigo, 129	Marghera	922244		411168 COTRAM I
Continental Container Transport s.r.l.	30172	V. Ca' Marcello, 6	Mestre	935099		
Fulltrans s.r.l.	30175	V. della Tecnica, 9	Marghera	936155		215573 FULTER I
INCAM s.r.l. Container Service	30175	V. Bottenigo, 71	Marghera	935277		223554 COITRA
Pastrello Autotrasporti s.r.l.	30170	V. Casilina, 12	Mestre	900877	901698	
T.C.F. s.p.a.	30170	V. Bissolati, 23	Mestre	985322	985578	433036 TCFVE I

INDUSTRIE PORTUALI / *PORT INDUSTRIES*

Nome *Name*	CAP *Post Code*	Indirizzo *Address*	Città *Town*	Telefono *Phone*	Fax	Telex
Amministrazione Monopoli di Stato	30175	V. dei Sali, 5	Marghera	937444	937597	
Cereol Italia	30175	Banchina dei Molini, 18	Marghera	932400	930159	410538
Grandi Molini s.p.a.	30175	Banchina dei Molini, 24	Marghera	626288	926672	411471
Pagnan s.p.a.	30175	V. dell'Elettronica, 3	Marghera	4911811	2911888	
Silo Vinario	30175	V. Friuli (Molo A)	Marghera			
Silos Granari del Veneto	30175	Banchina dei Molini, 18	Marghera	930900	920941	
Alcoa	30175	V. dell'Elettronica, 11	Marghera	2917111	698386	
Alcoa	30175	V. dell'Elettronica, 19	Marghera			
ILVA s.p.a	30175	V. dei Sali, 2	Marghera	923688	930943	
Eraclit Venier s.p.a.	30175	V. dell'Elettricità, 18	Marghera	929188	921672	
Nuova Sirma s.p.a.	30175	V. della Chimica, 4	Marghera	663111	663220	420232
Fintitan s.r.l.	30175	V. delle Industrie, 54	Marghera	5317874	5317308	410119
Enichem s.p.a.	30175	V. della Chimica, 5	Marghera	2912011	2913326	
Italchimica s.r.l. (ora Deltafert)	30175	Banchina dei Molini, 20/22	Marghera	5381012	5381510	
AGIP Raffinazione s.p.a.	30175	V. dei Petroli, 4	Marghera	5331111	5315568	410054

multi service s.r.l.

IMPRESA PORTUALE SBARCO IMBARCO

UNA REALTA' PRIVATA PER IL PORTO DI VENEZIA

+ CONCORRENZA + SERVIZI + QUALITA' = + TRAFFICO

Multi Service S.r.l.
via del Commercio, 380
30175 Porto Marghera (VE)

Tel. 041 - 921898 (6 Linee)
5334513
Fax 5380898

Molo A Mag. 302
Tel. 041/5334338
5334456

Marittima - Banchina Isonzo
Tel. 041/5334673
5334691

Officina Molo A
Tel. 041/5334315

INDIRIZZI UTILI / USEFUL ADDRESSES

Nome Name	CAP Post Code	Indirizzo Address	Città Town	Telefono Phone	Fax	Telex
AGIP Covengas s.p.a.	30175	V. Righi, 2	Marghera	5317300	5316745	
API - Anonima Petroli Italiana s.p.a.	30175	V. Righi, 4	Marghera	5317644	5312543	
Decal s.p.a.	30175	V. dell'Elettronica, 5	Marghera	5470107	698175	410556
Esso Italiana s.p.a. deposito costiero	30175	V. dei Petroli, 16	Marghera	5315600	5315612	410291
IES Italiana Energia Servizi	30175	Banchina dell'Azoto, 21	Marghera	5381220		
Italiana Petroli s.p.a. deposito di Venezia	30175	V. dei Petroli, 14/A	Marghera	2903809	5315623	
Kuwait Petroleum Italia s.p.a. centro operativo	30175	V. dell'Elettronica, 5	Marghera	5470111		
Nuova Italiana Coke s.p.a. (T.R.M.)	30175	V. delle Industrie, 52	Marghera	5317733	5316753	
Pyros s.r.l.	30175	V. Righi, 8	Marghera	5317447	5315728	
Società San Marco Petroli s.p.a.	30175	V. dell'Elettronica, 2	Marghera	2575411	2575424	
ENEL centrale termoelettrica di Fusina	30175	V. dell'Elettronica, 15	Marghera	2908111	698217	
ENEL centrale termoelettrica di Marghera	30175	V. dell'Elettricità, 23	Marghera	549111		410188
Idromacchine s.r.l. costruzioni montaggi industriali	30175	V. dell'Azoto, 21	Marghera	5381488		410877
Fincantieri Cantieri navali Italiani s.p.a.	30175	V. delle Industrie, 18	Marghera	666111		410106
Italcementi Fabbriche Riunite Cemento s.p.a.	30175	V. dell'Elettronica, 7	Marghera	6980833	698033	
Cantiere Navale Officine Meccaniche Rossato	30175	Banchina dei Molini, 8	Marghera			
Simar	30175	V. delle Industrie	Marghera	2901800	291826	
Ecolmare s.r.l.	30175	Banchina dei Molini, 12	Marghera	938011		
Saplo	30175	Banchina dell'Azoto	Marghera			

Guardie ai Fuochi del Porto di Venezia

soc. coop. a r.l.

- VIGILANZA ANTINCENDIO -

- DISINQUINAMENTO SPECCHI ACQUEI -

- PRELIEVO ACQUE DI SENTINA -

- ACQUE DI LAVAGGIO E ACQUE NERE DALLE NAVI NEI PORTI DI VENEZIA E CHIOGGIA -

- ESPURGO POZZI NERI -

- SVUOTAMENTO E PULIZIA CASSE NAFTA -

SEDE LEGALE E AMMINISTRATIVA: 30175 MARGHERA (VE) - Via Rizzardi, 50 - Tel. e Fax 041/920100
SEDI OPERATIVE: 30030 MALCONTENTA (VE) - Via dell'Elettricità, 2 - Tel. e Fax 041/5470374
30015 CHIOGGIA (VE) - F.ta Canale Lombardo, 1406 - Tel. 041/5500870

VECONT
veneziana contenitori

RIZZAGGI - FARDAGGI
COSTRUZIONE IMBALLAGGI

VIA ORLANDA 45/B - 30030 CAMPALTO VENEZIA
TEL. 041-903.600 /041-900843   FAX 041-903.045

ALTRE ATTIVITÀ IMPRENDITORIALI DI SERVIZIO AL PORTO / *OTHER SERVICES TO PORT*

Nome *Name*	CAP *Post Code*	Indirizzo *Address*	Città *Town*	Telefono *Phone*	Fax	Telex
Agenzie di viaggio ***Travel Agencies***						
Acitur Veneto s.r.l.	30135	Santa Croce, 540/B	Venezia	5208828		215537 ACTRVE I
Aliante Viaggi	30171	Viale Stazione, 28	Mestre	926700		420224 ALIANT I
American Express Company s.p.a.	30124	San Moisè, 1471	Venezia	5200844		410042 AMXVTT I
Bassani s.p.a.	30124	San Marco, 2414	Venezia	5203644	5204009	410066 BASSAN I
Centro Crociere s.r.l.	30123	Zattere, 1473	Venezia	5203600	5287258	410156 CHAND I
Cit Viaggi s.r.l.	30124	San Marco, 48/50	Venezia	5210241		410129 CITVEN I
Clipper International Discover s.r.l.	30174	V. Fapanni, 46/1	Mestre	987177	950500	410424 CLIPPER I
Clipper Viaggi Vacanze s.r.l.	30174	V. Lazzari, 46/1	Mestre	987744		218411 CLIPPER I
Dolphin Travel s.r.l.	30124	San Marco, 3627	Venezia	5204611	5208393	223516 DOLTRA I
Equipe Kel 12 s.n.c. di Scarpa F. & C.	30174	V. Daniele Manin, 83	Mestre	989266	984217	420229 EQIKEL I
Etliviaggi s.r.l.	30123	Dorsoduro, 3499	Venezia	5222759		431477 ETLIVE I
Flaptours s.n.c.	30170	V. Pescheria Vecchia, 2	Mestre	986300	988800	440194 FLAPVE I
Formula Quattro Viaggi	30123	Dorsoduro, 3251	Venezia	5209281	959041	411053 F4VCE I
Gastaldi Tours	30172	V. Verdi, 34	Mestre	962675	987365	410224 DICKVE I
Guetta viaggi Turismo	30124	San Marco, 1289	Venezia	5208711		410246 GUETTA I
Happening Tour Operator	30170	Galleria Aldighieri, 10/12	Mestre	971288	971148	328558 HAPPEN I
Ital Travel Ag. di Lino Scarpa	30124	San Marco, 72/B	Venezia	5229111	5236424	410374 ITALT I
Jonatan Gulliver	30172	V. Mestrina, 8	Mestre	989211	983456	411035 GULV I
Kele & Teo s.r.l.	30124	San Marco, 4930	Venezia	5208722	5208913	420378 KLTVE I
		Box Aeroporto	Tessera	964646	5206184	
Kompas Italia s.r.l.	30122	Castello, 2139/A	Venezia	5204388	975882	433004 COMPIT I
Laguna Travel Agency s.r.l.	30172	P.le L. Da Vinci, 6	Mestre	975700		410596 LAGUNA I
Marco Polo Travel Office s.a.s.	30122	Castello, 4682/B	Venezia	5203200		410040 MARPOL I
Overland s.r.l.	30173	V. Caneve, 71/A	Mestre	957988		433115 OVERVE
Rallo Agenzia Viaggi di V. Russo & C.	30174	Piazza Ferretto, 38	Mestre	980988	975575	410368 RALTUR I

The Venetian masters

Over the years and especially in the bunker broking field, it has not been easy to create an image of a company worthy of merit, honesty and of know-how, and yet Marodi Service is all this and more. Marodi Service began in 1984 under the guidance of Dino Mialich who came from a 10-year experience in the shipping business and who decided to try it on his own. He is to date the owner and administrator of the company. His enthusiasm and progressive experience in the field has brought the company from bunker broking to direct trading, and is today one of the most appreciated bunkering firms in Italy, and also in the rest of the world. Dino Mialich, in addition to being an expert in his field for over 25 years, is also a port agent and member of the Agents Association of Venice, regularly listed in the Venetian Chamber of Commerce. As from 1997, Marodi Service belongs to that selected group of traders credited with Exxon Italy and other local/worldwide independent majors. The company's clients, as its suppliers, are all internationally recognised. Why choose to work with Marodi Service? Well, for the experience behind the man, the expertise in the field, for honesty and service, and for good quality from the best suppliers and the most competitive prices. The company's motto remains the same as

THE COMPANY'S MOTTO REMAINS THE SAME AS ALWAYS: 'PRODUCT QUALITY, A QUICK SERVICE TO SAVE ON TIME AND MONEY'

always: 'Product quality, a quick service to save on time and money.'

For more information, please contact: Marodi Services SAS, Via Decorati al Valor Civile 80, 30171 Mestre, Venice, Italy. Tel: +39 4 15382143, Fax: +39 4 1922841.

MARODI SERVICE S.A.S.

Since 1984 as:
World Bunkering Services
Italian Small Port Specialists
Ship Agency for all Italian Ports

Contact: Italy – Venice Head Office
Via Decorati Al Valor Civile, 80
30171 Mestre/Venice

Phones: +39 41 53821 43/924293 SERIES
FAX: +39 41 922841
TELEX: 420209 MARODI I

INDIRIZZI UTILI / USEFUL ADDRESSES

Nome Name	CAP Post Code	Indirizzo Address	Città Town	Telefono Phone	Fax	Telex
Royal Tour s.r.l.	30124	San Marco, 4590	Venezia	5221746		420195 ROYAL I
Trevisan Tours Ag. Viaggi e Turismo	30124	San Marco, 836	Venezia	5286955	5203195	431448 ATVMGS I
SAIET	30124	San Marco, 71/G	Venezia	5208052		
Sattis Viaggi e Turismo s.r.l.	30124	San Marco, 1261	Venezia	5285101	5238897	410176 SATVC I
Società Veneziana Turismo s.r.l.	30124	San Marco, 2568	Venezia	5210632		433019 VTRVE I
Unitour Venezia s.r.l.	30123	Dorsoduro, 3499	Venezia	5208755		420379 FENICE I
V.A.T.A. s.r.l.	30124	San Marco, 4843	Venezia	5207711		410245 INTRANS I
Veneta Lombarda Turismo s.a.s.	30170	V. Mestrina, 62/64	Mestre	986388		410243 VLOSPE I
Ventour s.r.l.	30171	V. Olivi, 1	Mestre	987644		410097 VENT I
Venice Incoming Promotion V.I.P.	30125	San Polo, 316	Venezia	5204122		410655 VIP I
Wagon Lits Tourism	30124	San Marco, 289/305	Venezia	5223405		410194 WALL I
World Wision Travel s.r.l.	30124	San Marco, 2457/58	Venezia	5230933		411192 WORVECE

Alberghi
Hotels

Nome Name	CAP Post Code	Indirizzo Address	Città Town	Telefono Phone	Fax	Telex
Danieli Ciga *****	30122	Castello, 4196	Venezia	5226480	5200208	410077 DANIVE I
Gritti Palace Ciga *****	30124	San Marco, 2467	Venezia	794611	5200942	410125 GRITTI I
Amadeus ****	30121	Lista di Spagna, 227	Venezia	715300	5240841	420811 AMAVE
Bauer Grundwald & Grand Hotel ****	30124	San Marco, 1459	Venezia	5207022	5207557	410075 BAUEVE I
Bellini ****	30121	Lista di Spagna, 116	Venezia	5242488	715193	420374 BOSCOL I
Carlton Executive ****	30135	Santa Croce, 578	Venezia	718488	719061	410070 CHCVE I
Cavalletto & Doge Orseolo ****	30124	San Marco, 1107	Venezia	5200955	5238184	410684 CAVHOT
Cipriani ****	30123	Giudecca, 10	Venezia	5207744	5203930	
Concordia ****	30124	Calle Larga, 367	Venezia	5206866	5206775	411069 CONCOR I
Europa & Regina ****	30124	San Marco, 2159	Venezia	5200477	5231533	410123 EUROPA
Gabrielli Sandwirth ****	30122	Riva degli Schiavoni, 4110	Venezia	5231580	5209455	410228 GABHTL
Londra Palace ****	30122	Riva degli Schiavoni, 4171	Venezia	5200533	5225032	429681 LONTEL I
Luna Baglioni ****	30124	San Marco, 1243	Venezia	5289840	5287160	410236 LUNAVE
Metropole ****	30122	Riva Schiavoni, 4149	Venezia	5205044	5223679	410340 HOTMET

SIDERSPED S.R.L.

Casa di spedizioni - Noleggi Marittimi - Imbarchi - Sbarchi - Transiti - Trasporti - Sdoganamenti - Consulenze

Uffici Direzione: Via Durando 6 - MARGHERA (VE)
tel. 041 - 927777 (4 linee r.a.)
cellulare: 0337 - 494712
telefax: 041 - 922792
telex: 410155 (SIDERP I)
Ufficio Portuale: tel. 041 - 5334376
cellulare: 0336 - 375919

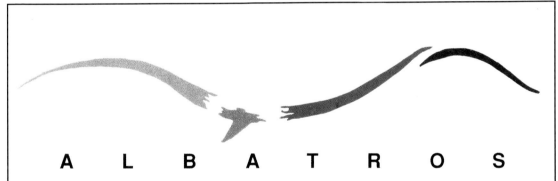

A L B A T R O S

INTERNATIONAL SHIPPING AND FORWARDING AGENTS
TRASPORTI INTERNAZIONALI - TERRESTRI MARITTIMI AEREI

Capitale Sociale L. 500.000.000
interamente versato

Direzione Uffici «Residence Mercurio»
Via Torino 65, Interno 1/22 - 23
30172 MESTRE (VE)
Tel. (041) 5310322 (5 linee r.a.)
P.O. BOX 335 - MESTRE P.T.
Telex 411176 BATR1 I
Telefax 041/5310554

Agenzie

34100 TRIESTE - Via L. Einaudi, 13
Tel. 040/367646 - Telex 460090

34074 MONFALCONE (GO)
Via delle Vigne, 30
Tel. 0481/412251 - Telefax 460340

30015 CHIOGGIA (VE)
Centro Servizi Portuali - Val Da Rio, 1
Tel 041/405346 - Telex 440277

INDIRIZZI UTILI / *USEFUL ADDRESSES*

Nome *Name*	CAP *Post Code*	Indirizzo *Address*	Città *Town*	Telefono *Phone*	Fax	Telex
Monaco & Grand Canal ****	30124	San Marco, 1325	Venezia	5200211	5200501	410450 MONACO
Palazzo Vendramin ****	30123	Giudecca, 10	Venezia	5207744	5203930	410162 CIPRVE I
Principe ****	30121	Lista di Spagna, 146/7	Venezia	715022	713350	410070 CHCVE I
Saturnia & International ****	30124	V. XXII Marzo, 2398	Venezia	5208377	5207131	
Sofitel ****	30135	Santa Croce, 245	Venezia	710400	710394	410310 PARK VE
Star Hotel Splendid Suisse ****	30124	Mercerie, 760	Venezia	5200755	5286498	410590 HOSPLE
Palazzo del Giglio ***	30124	San Marco, 2462	Venezia	5205166	5205158	
Abbazia ***	30121	Calle Priuli, 68	Venezia	717333	717949	420680 ABBAVE
Accademia Villa Maravege ***	30123	Dorsoduro, 1058	Venezia	5210188	5239152	
Ala ***	30124	San Marco, 2494	Venezia	5208333	5206390	410275 ALAVCE
All' Angelo ***	30124	San Marco, 403	Venezia	5209299	5231943	420676 ANGELO I
Al Sole ***	30135	Santa Croce, 136	Venezia	710844	714398	410070 CHCVE I
Ambassador Tre Rose ***	30124	San Marco, 905	Venezia	5222490	5222123	420888 ST MARK I
American ***	30123	San Vio, 628	Venezia	5204733	5204048	
Arlecchino ***	30123	Fond. delle Burghielle, 390	Venezia	5203065	710965	420847 LIMPIA
Ateneo ***	30124	San Marco, 1876	Venezia	5200777	5228550	
Basilea ***	30135	Rio Marin, 817	Venezia	718477	720851	420320 BASEL I
Bel Sito ***	30124	San Marco, 2517	Venezia	5223365	5204083	420835 BELSIT
Bisanzio ***	30122	Castello, 3651	Venezia	5203100	5204114	420099 BISTEL I
Bonvecchiati ***	30124	Calle Goldoni, 4488	Venezia	5285017	5285230	410560 BONVEC I
Boston ***	30124	Calle dei Fabbri, 848	Venezia	5287665	5226628	
Capri ***	30135	Santa Croce, 595	Venezia	718988	719061	410070 CHCVE I
Carpaccio ***	30125	San Polo, 2765	Venezia	5235946	5242134	
Casanova ***	30124	San Marco, 1284	Venezia	5206855	5206413	
Castello ***	30122	Castello, 4365	Venezia	5230217	5211023	420659 FRAMA
Continental ***	30121	Lista di Spagna, 170/A-B	Venezia	715122	5242432	410286 CONTEL I
Corso ***	30121	Lista di Spagna, 119	Venezia	5242488	715193	420374 BOSCOL I
De l'Alboro ***	30124	Corte de l' Alboro, 3894/B	Venezia	5206977	5228404	
Do Pozzi ***	30124	San Marco, 2373	Venezia	5207855	5229413	
Eden ***	30121	Cannaregio, 2357	Venezia	5244003	720228	

The Mediterranean and Overseas Shipping Agency S.p.A.

ITALY'S SHIPPING EXPERTS
Celebrating its 50th Anniversary

GENOA OFFICE
29, Via XX Settembre
P.O. Box 1364
16121 - GENOA, ITALY
Phones: (010) 5490.1
Telefax: (010) 562050
Telexes: 270046 (Management)
        270346 - 271460
        275586 (Pax.)
        270070 - 283836 (Oprs)
Cables: MEDOV
e-mail: medov.ops@aleph.it

VENICE OFFICE
Zattere, 1473/a
30123 - VENICE, ITALY
Phones: (041) 5203600
Telefax: (041) 5287258
Telexes: 410156 - 411094
Cables: MEDOV
e-mail: med.ve@ve.flashnet.it

CIVITAVECCHIA OFFICE
19, Lungoporto Gramsci
00053 - CIVITAVECCHIA, ITALY
Phones: (0766) 500288
Telefax: (0766) 501379
Telex: 624639
Cables: MEDOV

LIVORNO - NAPOLI - MESSINA
AND
In other 60 Italian ports since 1947

INDIRIZZI UTILI / USEFUL ADDRESSES

Nome Name	CAP Post Code	Indirizzo Address	Città Town	Telefono Phone	Fax	Telex
Firenze ***	30124	San Marco, 1490	Venezia	5222858	5202668	410627 FIR VCE
Flora ***	30124	San Marco, 2283/A	Venezia	5205844	5228217	410401 FLORA I
Gardena ***	30135	Santa Croce, 239	Venezia	5235549	5220782	410070 CHCVE I
Giorgione ***	30131	Cannaregio, 4587	Venezia	5225810	5239092	420598 ALGIOR I
Graspo de Ua ***	30124	San Marco, 5094	Venezia	5205644	5227322	
Kette ***	30124	San Marco, 2053	Venezia	5207766	5228964	420653 KETTEV
La Fenice et des Artistes ***	30124	San Marco, 1939	Venezia	5232333	5203721	
Locanda ai Santi Apostoli ***	30131	Cannaregio, 4391	Venezia	5212612	5212611	
Locanda Sturion ***	30125	Calle Sturion, 679	Venezia	5236243	5228378	
Malibran ***	30131	Cannaregio, 5864	Venezia	5228028	5239243	420337 MALIBR
Marconi ***	30125	San Polo, 729	Venezia	5222068	5229700	410073 MARCVE I
Montecarlo ***	30124	Calle Specchieri, 463	Venezia	5207144	5207789	411098 MOCARL I
Nazionale ***	30121	Lista di Spagna, 158	Venezia	716133	715318	420360 NAZION
Olimpia ***	30135	Santa Croce, 395/6	Venezia	711041	5220945	420847 LIMPIA
Panada ***	30124	Calle Specchieri, 646	Venezia	5209088	5209619	410153 PANADA I
Pantalon ***	30123	Dorsoduro, 3941	Venezia	710896	718683	
Pausania ***	30123	Dorsoduro, 2824	Venezia	5222083	5222989	420178 PAUVCE
Piccola Fenice ***	30124	San Marco, 3614	Venezia	5204909	5204909	
Rialto ***	30124	San Marco, 5149	Venezia	5209166	5238958	420809 RIALBE I
San Cassiano ***	30135	Santa Croce, 2232	Venezia	5241768	721033	420810 SCASVE I
San Gallo ***	30124	San Marco, 1093/A	Venezia	5227311	5225702	
San Marco ***	30124	San Marco, 877	Venezia	5204277	5238447	420888 ST MARK I
San Moisè ***	30124	San Marco, 2058	Venezia	5203755	5210670	420655 MOISVE I
San Simon ai Due Fanali ***	30135	Santa Croce, 964	Venezia	718490	718344	
Santa Chiara ***	30135	Santa Croce, 548	Venezia	5206955	5228799	420690 CHIARA I
Santa Marina ***	30122	Castello, 6068	Venezia	5239202	5200907	
Santo Stefano ***	30124	Campo Santo Stefano, 2957	Venezia	5200166	5224460	
Savoia & Jolanda ***	30122	Riva degli Schiavoni, 4187	Venezia	5206644	5207494	410620 SAVJOL
Savoia & Jolanda *** (dipendenza/*annex*)	30122	Campo San Zaccaria, 4684	Venezia	5206644	5207494	610620 SAVJOL

SHIPPING AND FORWARDING AGENTS

VENICE AGENT FOR:
==========================

Team Shipping Agency s.r.l.

Agenzia Marittima - Spedizioni

Team Shipping Agency s.r.l.
Agenzia Marittima - Spedizioni

Via Torino, 65 - 30172 Mestre (Ve) Italy
Ph. 041/5319488 (3 linee r.a.) - Fax 041/5319565
Telex 411176 TSA VCE I
Cap. Soc. 50.000.000 i.v. C.C.I.A.A. 193652
Iscr. Trib. Venezia 26294 Reg. Società
Cod. Fisc. e Part. IVA 02045760275

30124 VENEZIA - Via XXII Marzo 2414

FORWARDING	*SHIPPING*	*TRAVEL*
Telephone 5225040	telephone 5227244	telephone INCOMIG 5203644
Telex 411067	telex 411067	OUTGOING 5208633
Fax 5230336	fax 5230336	Telex 410066 - Fax 5204009

SOME OF OUR SERVICES

FORWARDING
- Discharging
- Warehausing (storage)
- Reloading
- Delivery
- Sampling
- Supervision
- Surveyance
- Screening of coal
- Smashing of coal
- Packing of coal

SHIPPING
- Liner Agents
- Line and crusing passegers
- Tramp agents
- Through freight agents
- Insurance agents
- Port service dispatch
- Crew assistance
- Cargo handling
- Warehousing facilities

TRAVEL

INCOMING
- Hotel reservations
- Trasfers, sightseeing tours. Car hire
- Meeting and Incentives
- Tours throughout Italy

OUTGOING
- Domestic and international air, rail, sea tickets
- Package holidays
- Special events and Theme tours

<u>**CONNECTED COMPANIES**</u>
GRUPPO POS s.r.l.
Via Cruto, 4 30175 Marghera Venice
Telephone 936877
Fax 937045
Containers and Trailers depot
Repairing Terminal
Stuffing and undstuffing
Custom Warehouse

CARGO SYSTEM
Via G. Ferraris, 2/4
30175 Marghera Venice
telephone 5316727
fax 5317338
Storage and Deliberty
bulky cargo

Visit our **WEB** site http://www.bassani.it
Contact us via E-mail: Shipping/Forwarding   basshp@www.portve.interbusiness it
                                              Travel   barravel@tin.it

INDIRIZZI UTILI / *USEFUL ADDRESSES*

Nome *Name*	CAP *Post Code*	Indirizzo *Address*	Città *Town*	Telefono *Phone*	Fax	Telex
Scandinavia ***	30122	Castello, 5240	Venezia	5223507	5235232	420359 TNCHTL
Spagna ***	30121	Lista di Spagna, 184	Venezia	715011	715318	420360 NAZION
Tiepolo ***	30122	Castello, 4510	Venezia	5231315		
Torino ***	30124	Calle delle Ostreghe, 2356	Venezia	5205222	5228227	
Union ***	30121	Lista di Spagna, 127/128	Venezia	715055	715621	
Universo e Nord ***	30121	Lista di Spagna, 121	Venezia	715233	717070	420818 UNIVER
Adriatico **	30121	Lista di Spagna, 224	Venezia	715176	717275	
Agli Alboretti **	30123	Dorsoduro, 884	Venezia	5230058	5210158	
Airone **	30135	Santa Croce, 557	Venezia	5204991	5204800	
Alcyone **	30124	San Marco, 4712	Venezia	5212810	5212942	
Alla Fava **	30122	Castello, 5525	Venezia	5229224	5237787	
Alla Salute da Cici **	30123	Fondamenta Ca' Balà, 222	Venezia	5235404	5222271	
Al Nuovo Teson **	30122	Castello, 3980	Venezia	5205555	5285335	
Astoria **	30124	Calle Fiubera, 951	Venezia	5225381	5200771	
Atlantico **	30122	Calle del Remedio, 4416	Venezia	5209244	5209371	
Atlantide **	30121	Cannaregio, 375/A	Venezia	716901	716994	
Bartolomeo **	30124	San Marco, 5494	Venezia	5235387	5206544	
Basilea (dipendenza/*annex*) **	30135	Santa Croce, 804	Venezia	718667	720851	
Bucintoro **	30122	Riva San Biagio, 2135	Venezia	5223240	5235224	
Campiello **	30122	San Zaccaria, 4647	Venezia	5205764	5285798	
Canada **	30122	Campo San Lio, 5659	Venezia	5229912	5235852	
Canal **	30135	Santa Croce, 553	Venezia	5238480	5239106	
Canaletto **	30122	Campo San Lio, 5487	Venezia	5220518	5229023	
Caprera **	30121	Cannaregio, 219	Venezia	715271	715927	
Casa Fontana **	30122	Castello, 4701	Venezia	5220579	5231040	
Centauro **	30122	Calle della Vida	Venezia	5225832	5239151	
Città di Milano **	30124	Campiello San Zulian, 590	Venezia	5227002	5227834	
Da Bruno **	30122	Salizzada San Lio, 526/A	Venezia	5230452	5221157	
Diana **	30124	Calle Specchieri, 449	Venezia	5206911	5238763	
Dolomiti **	30123	Calle Priuli, 73	Venezia	715113	716635	

الشركة المصرية للملاحة البحرية

EGYPTIAN NAVIGATION CO. ALEXANDRIA

CONVENTIONAL AND RO-RO CARGO SERVICE FROM ADRIATIC AND TYRRHENIAN PORTS TO MEDITERRANEAN PORTS

Agent: **CARLO TONOLO FU MATTEO**
sede operativa
v. Elettricità, 21
30175 MARGHERA (VE)
Tlf. 041/925339
Tlx. 410131   Fax 041/931665

INDIRIZZI UTILI / USEFUL ADDRESSES

Nome Name	CAP Post Code	Indirizzo Address	Città Town	Telefono Phone	Fax	Telex
Falier **	30123	Salizzada San Pantalon, 130	Venezia	710882	5206554	
Florida **	30123	Calle Priuli, 105	Venezia	715253	718088	
Gallini **	30124	Calle della Verona, 3673	Venezia	5204515	5209103	420353 GALLVE I
Gorizia a la Valigia **	30124	Calle dei Fabbri, 4696/A/97	Venezia	5223737	5212789	
Guerrini **	30121	Cannaregio, 265	Venezia	715333	715114	
Hesperia **	30121	Cannaregio, 459	Venezia	715251	715112	
Iris **	30125	San Polo San Tomà, 2910/A	Venezia	5222882	5222882	
La Calcina **	30123	Dorsoduro, 780	Venezia	5206466	5227045	
La Forcolana **	30121	Cannaregio, 2356	Venezia	5241484	5245380	
La Residenza **	30122	Castello, 3608	Venezia	5285315	5238859	
Leonardo **	30121	Calle della Masena, 1385	Venezia	718666	5244018	
Lisbona **	30124	San Marco, 2153	Venezia	5286774	5207061	
Locanda Remedio **	30122	Calle del Remedio, 4412	Venezia	5206232	5210485	
Lux **	30122	Castello, 4541/2	Venezia	5201044	5201258	
Mercurio **	30124	San Marco, 1848	Venezia	5220947	5285270	
Messner **	30123	Dorsoduro, 216	Venezia	5227443	5227266	
Mignon **	30131	Cannaregio, 4535	Venezia	5237388	5208658	
Moderno **	30121	Lista di Spagna, 154/B	Venezia	716679	716421	
Orion **	30124	San Marco, 700/A	Venezia	5223053	5238866	
Paganelli **	30122	Riva degli Schiavoni, 4182	Venezia	5224324	5239267	
Pellegrino e Commercio **	30122	Calle delle Rasse, 4551/A	Venezia	5228814	5225016	
San Fantin **	30124	San Marco, 1930/A	Venezia	5231401	5231401	
San Giorgio **	30124	R. Terrà della Mandola, 3781	Venezia	5235835	5228072	
San Maurizio **	30124	Calle Zaguri, 2624	Venezia	5289712	5289712	
San Zulian **	30124	San Marco, 535	Venezia	5225872	5232265	
Seguso **	30123	Zattere, 779	Venezia	5286858	5222340	
Serenissima **	30124	Calle Goldoni, 4486	Venezia	5200011	5223292	
Stella Alpina Edelweiss **	30121	Calle Priuli, 99/D	Venezia	715179	720916	
Tivoli **	30123	Dorsoduro, 3838	Venezia	5242460	5222656	
Trovatore **	30122	Calle delle Rasse, 4534	Venezia	5224611	5227870	

CARLO TONOLO fu MATTEO

DAL 1919 AGENZIA MARITTIMA (LINER, TRAMPS) E NOLEGGI

LINEA REGOLARE PER ALEXANDRIA

(RO/RO, CONTENITORI, TRAILERS, GROUPAGE, COLLI ECCEZIONALI)

CARLO TONOLO fu MATTEO s.a.s.

CASA DI SPEDIZIONI (IMPIANTISTICA, RINFUSE, LIQUIDI)

TONOLO INTERNATIONAL TRANSIT s.r.l.

AGENZIA MARITTIMA E CASA DI SPEDIZIONI

SEDE LEGALE: SANTA CROCE 1322, 30135 VENEZIA
SEDE OPERATIVA: VIA DELL'ELETTRICITÀ 21, 30175 MARGHERA (VE)
TEL. 041. 925339, FAX 931665, TLX 410131 TONMARI — CARLO TONOLO fu MATTEO
TEL. 041. 925889, FAX 931869, TLX 410131 TONMARI — CARLO TONOLO fu MATTEO s.a.s.
TEL. 041. 923980, FAX 931665, TLX 410131 TONMARI — TONOLO INTERNATIONAL TRANSIT s.r.l.
E-MAIL: tonolo@portve.interbusiness.it

Telefono (049) 8221111 - Telex 430018 Pagnan I - Telegrammi Pagnan - Padova -Telefax (049) 8752992
Telefoni: Box Milano (02) 82.474.353/4 - Box Bologna (051) 514.060/2 Chioggia (041) 55.00.985 - Costa Rovigo (0425) 97.131
Malcontenta (041) 2911811 - Pontelagoscuro (0532) 461.262 - Silea (0422) 360.288

Pagnan S.p.A is a family company operating since the 30s in the domestic and overseas trade of grains, oilseeds and feedstuff. It represed the most important entity in a group of companies active in varius fields of agribusiness, like farming, specialized breeding, milling and production of compound feeds, as well as in other sectors like real estate, hothel and tourist business.

In the harbor area of Venice-Marghera the company has a plant, whith a total capacity of 120.000 metric tons storage in elevators and warehouses, and a loading/dichrging line operating up to 4.000 metric tons a day, and is equipped with a railway feeder. Attached to the complex are also a maize mill (500 metric tons a day) and a compound feed plant(1.300 metric tons a day).

E-mail : pagnan.spa@interbusinnes.it

INDIRIZZI UTILI / USEFUL ADDRESSES

Nome Name	CAP Post Code	Indirizzo Address	Città Town	Telefono Phone	Fax	Telex
Walter **	30135	Tolentini, 240	Venezia	5286204	5239106	
Wildner **	30122	Riva Degli Schiavoni, 4161	Venezia	5227463	5265615	418440 WILCRI
Zecchini **	30121	Cannaregio, 152	Venezia	715611	715066	
Adua *	30121	Cannaregio, 233/A	Venezia	716184		
Ai Do Mori *	30124	Calle Larga San Marco, 658	Venezia	5204817	5205328	
Alex *	30125	San Polo, 2606	Venezia	5231341	5231341	
Al Gallo *	30135	Calle Amai-Santa Croce, 197/G	Venezia	5236761	5236761	
Al Gambero *	30124	Calle dei Fabbri, 4687	Venezia	5224384	5200431	
Al Gazzettino *	30124	San Marco, 4971	Venezia	5286523	5223314	
Al Gobbo *	30121	Cannaregio, 312	Venezia	715001		
Al Piave da Mario *	30122	Ruga Giuffa, 4838/40	Venezia	5284174	5238512	
Al Vagon *	30131	Cannaregio, 5619	Venezia	5285626		
Antica Casa Carettoni *	30121	Lista di Spagna, 130	Venezia	716231		
Antica Locanda Montin *	30123	Dorsoduro, 1147	Venezia	5227151	5200255	
Antico Capon *	30123	Dorsoduro, 3004/B	Venezia	5285292	5285292	
Bernardi Semenzato *	30131	Cannaregio, 4363/4366	Venezia	5227257	5222424	
Biasin * (dipendenza Hotel Marte) Hotel Marte annex	3021	Cannaregio, 1252	Venezia	717231	720642	
Bridge *	30122	Castello, 4498	Venezia	5205287	5205287	
Budapest *	30124	San Marco, 2143	Venezia	5220514		
Caneva *	30122	Castello, 5515	Venezia	5228118	5208676	
Casa Boccassini *	30131	Cannaregio, 5295	Venezia	5229892	5236877	
Casa Hilber *	30121	Cannaregio, 378	Venezia	716737		
Casa Linger *	30122	Sant' Antonin, 3541	Venezia	5285920	5285920	
Casa Peron *	30135	Salizada San Pantalon, 84/85	Venezia	711038		
Casa Petrarca *	30124	San Marco, 4386	Venezia	5200430	5200430	
Casa Verardo *	30122	Castello, 4765	Venezia	5286127	5232765	
Corona *	30122	Calle Corona, 4464	Venezia	5229174		
Dalla Mora *	30135	Santa Croce, 42/A/44	Venezia	710703	723006	
Doni *	30122	Castello, 4656	Venezia	5224267	5224267	
Galleria *	30123	Dorsoduro, 878/A	Venezia	5204172	5204172	

FESTIVAL

KREUZFAHRTEN
CROISIERES
CRUCEROS
CROCIERE
CRUISES

AZUR

BOLERO

FLAMENCO

Amsterdam · Brussels · Copenhagen · Dusseldorf · Genoa · London · Madrid · Paris
Piraeus · Stockholm · Venice · Vienna · Warsaw · Zurich

One Europe, One Cruise Line – Festival Cruises

INDIRIZZI UTILI / USEFUL ADDRESSES

Nome Name	CAP Post Code	Indirizzo Address	Città Town	Telefono Phone	Fax	Telex
Guerrato *	30125	San Polo, 240/A	Venezia	5227131	5227131	
La Calcina (dipendenza/*annex*) *	30123	Dorsoduro-Zattere	Venezia	5206466		
Locanda Ca' Foscari *	30123	C. della Frescada, 3887/8 B	Venezia	710817	5225817	
Locanda Canal *	30122	Castello, 4422/C	Venezia	5234538		
Locanda Fiorita *	30124	San Marco, 3457/A	Venezia	5234754	5228043	
Locanda Salieri *	30124	Fondamenta Minotto, 160	Venezia	710035	710035	
Locanda Tofanelli *	30122	Castello, 1650/53	Venezia	5235722		
Marin *	30135	Santa Croce, 670/B	Venezia	718022	721485	
Marte *	30121	Cannaregio, 338	Venezia	716351	720642	
Messner (dipendenza/*annex*) *	30123	Dorsoduro, 237	Venezia	5227443		
Minerva e Nettuno *	30121	Lista di Spagna, 230	Venezia	715968	5242139	
Noemi *	30124	Calle dei Fabbri, 909	Venezia	5238144		
Raspo De Ua *	30141	Piazza Galuppi, 560	Burano	730095	730095	
Rio *	30122	Castello, 4356	Venezia	5234810	5208222	
Riva *	30122	Ponte dell' Angelo, 5310	Venezia	5227034		
Rossi *	30121	Cannaregio, 262	Venezia	715164	717784	
San Geremia *	30121	Cannaregio, 290/A	Venezia	716260	5242342	
San Salvador *	30122	Calle Galeazzo, 5264	Venezia	5289147		
San Samuele *	30124	San Marco, 3358	Venezia	5228045		
Santa Lucia *	30121	Cannaregio, 358	Venezia	715180	715180	
Sant' Anna *	30122	Corte del Bianco, 269	Venezia	5286466	5286466	
Silvia *	30122	Fond. del Remedio, 4423	Venezia	5227643	5286817	
Tintoretto *	30121	Santa Fosca, 2316/17	Venezia	721522	721522	
Villa Rosa *	30121	Calle Misericordia, 389	Venezia	716569	716569	
Excelsior *****	30126	Lungomare Marconi, 41	Lido	5260201	5267276	410023 EXCEVE I
Biasutti ****	30126	V. Dandolo, 27/29	Lido	5260120	5261259	410666 BIAHOT
Des Bains Ciga Hotel ****	30126	Lungomare Marconi, 17	Lido	5265921	5260113	410142 BAINS I
Le Boulevard ****	30126	G. V.le Santa M. Elisabetta, 41	Lido	5261990	5261917	410185 BOULVE I
Quattro Fontane ****	30126	V. delle Quattro Fontane, 16	Lido	5260227	5260726	411006 QUAFON
Villa Laguna ****	30126	V. Gallo, 6	Lido	5260342	5268922	

INDIRIZZI UTILI / USEFUL ADDRESSES

Nome Name	CAP Post Code	Indirizzo Address	Città Town	Telefono Phone	Fax	Telex
Villa Mabapa ****	30126	Riviera San Nicolò, 16	Lido	5260590	5269441	410357 MABAPA I
Golf Residence ****	30126	V. Strada del Forte, 1	Lido	5269512	770100	
Atlanta Augustus ***	30126	V. Lepanto, 15	Lido	5260569	5265604	
Belvedere ***	30126	P.le Santa M. Elisabetta, 4	Lido	5260115	5261486	
Biasutti Villa Ada ***	30126	V. Dandolo, 24	Lido	5260120	5261259	410666 BIAHOT
Buon Pesce ***	30126	Riviera San Nicolò, 50	Lido	5268599	5260533	
Buon Pesce *** (dipendenza/*annex*)	30126	Riviera San Nicolò, 50	Lido	5268599	5260533	
Byron Centrale ***	30126	V. Bragadin, 30	Lido	5260052	5269241	
Helvetia ***	30126	G. V.le Santa M. Elisabetta, 4	Lido	5260105	5268903	420045 HELVE
Hungaria ***	30126	G. V.le Santa M. Elisabetta, 28	Lido	5261212	5267619	410393 HUNGAR I
La Meridiana ***	30126	V. Lepanto, 45	Lido	5260343	5269240	
Petit Palais ***	30126	Lungomare Marconi, 54	Lido	5265993	5260781	
Rigel ***	30126	V. Dandolo, 13	Lido	5268810	2760077	420835 BELSIT
Riviera ***	30126	G. V.le Santa M. Elisabetta, 5	Lido	5260031	5265979	410388 RIVHOT
Villa Parco ***	30126	V. Rodi, 1	Lido	5260015	5267620	
Venezia 2000 ***	30126	Lungomare d'Annunzio, 2	Lido	5268568	5269252	410347 HOTVE
Villa Pannonia ***	30126	V. Doge Michiel, 48	Lido	5260162	5265277	
Cristallo **	30126	G. V.le Santa M. Elisabetta, 51	Lido	5265293	5265615	418440 WILCRI
Reiter **	30126	G. V.le Santa M. Elisabetta, 57/B	Lido	5260107	5261491	
Rivamare **	30126	Lungomare Marconi, 44	Lido	5260352	5269011	
Sorriso **	30126	V. Colombo, 22/C	Lido	5260729		
Stella **	30126	V. Gallo, 111	Lido	5260745	5261081	
Vianello **	30126	V. Ca' Rossa, 10/14 Alberoni	Lido	731072	731072	
Villa Albertina **	30126	V. Vallaresso, 1	Lido	5260879		
Villa Aurora *	30126	Riviera San Nicolò, 11	Lido	5260519	5268627	
Villa Cipro *	30126	V. Zara, 2	Lido	5261408	2760176	
Villa Tiziana *	30126	V. Gritti, 3	Lido	5261152	5262145	
Giardinetto *	30126	P.le Santa M. Elisabetta, 3	Lido	5260190	2760333	
La Pergola *	30126	V. Cipro, 15	Lido	5260784		
Panorama *	30126	P.le Santa M. Elisabetta, 1	Lido	5260378		

INDIRIZZI UTILI / *USEFUL ADDRESSES*

Nome *Name*	CAP *Post Code*	Indirizzo *Address*	Città *Town*	Telefono *Phone*	Fax	Telex
Villa delle Palme *	30126	V. Dandolo, 12	Lido	5261312		
Villa Edera *	30126	V. Negroponte, 13	Lido	5260791	5260791	
Forte Agip ****	30175	Rotonda Romea, 1	Marghera	936900	936960	411418 AFVE
Lugano Torretta ****	30175	V. Rizzardi, 11	Marghera	936777	921979	411155 LUGANO
Colombo ***	30175	V. Paolucci, 5	Marghera	920711	920825	411417 COMBO I
Lloyd ***	30175	V. Rizzardi, 32	Marghera	930172	930798	420272 LLOYD I
Mondial ***	30175	V. Rizzardi, 21	Marghera	930099	930371	411460 MONDVE
Roma ***	30175	V. Cesare Beccaria, 11	Marghera	921967	921837	
Vienna ***	30175	V. Rizzardi, 54	Marghera	936600	936856	
Villa Serena ***	30175	V. Mezzacapo, 2/B	Marghera	936041	936375	
La Magnolia ***	30175	V. della Rinascita, 75	Marghera	921267		
Alla Bianca **	30175	V. Cantore, 23	Marghera	5381125	5381125	
Autostrada **	30175	V. Trieste, 1	Marghera	921403		
Colombo (dipendenza/*annex*) **	30175	V. Grondoni, 1	Marghera	920711	920825	411417 COMBO I
Piccolo **	30175	V. Trieste, 2/H	Marghera	920632		
Touring **	30175	V. Paolucci, 4	Marghera	920122		
Villa Graziella **	30175	V. Coletti, 6	Marghera	921655	921931	
Adele *	30175	Piazza Sant'Antonio, 5	Marghera	920376		
Amba Alagi *	30175	V. Mutilati del Lavoro, 38	Marghera	921728		
Belvedere *	30175	V. Mezzacapo, 1	Marghera	926596		
Martello *	30175	Piazza Mezzacapo, 3	Marghera	926569		
Rizzardi *	30175	V. Rizzardi, 67	Marghera	923416		
Romano *	30175	V. F.lli Bandiera, 156	Marghera	935498		
Villa Serena * (dipendenza/*annex*)	30175	V. F.lli Bandiera, 50	Marghera	936041	936375	
Albatros ****	30170	V.le Don Sturzo, 32	Mestre	611000	615563	410623 ALBATR I
Alexander ****	30170	V. Forte Marghera, 193/C	Mestre	5318288	5318283	420406 ALEX I
Ambasciatori ****	30170	Corso del Popolo, 221	Mestre	5310699	5310074	410445 AMBHTL
Antony ****	30170	V. Orlanda, 182/B	Mestre	5420022	901677	420277 ANTONY
Bologna & Stazione ****	30170	V. Piave, 214	Mestre	931000	931095	460678 BOLHTL
Michelangelo ****	30170	V. Forte Marghera, 69	Mestre	986600	986052	420288 MICHEL I

VENICE INTERTRANS SRL

una società di proprietà della

a company belonging to

   T.M.B. S.r.l.

DEPOSITO COSTIERO PER LA MOVIMENTAZIONE E LO STOCCAGGIO DI OLII VEGETALI, GRASSI, PRODOTTI CHIMICI LIQUIDI ALLA RINFUSA

SHORE INSTALLATION FOR THE HANDLING AND STORAGE OF VEGETAL OILS, FATS AND LIQUID CHEMICAL PRODUCTS IN BULK

Porto Commerciale di Venezia "Marittima"
Tel. 041 - 5334689 Fax 041-5221946
E-mail: vit@www.portve.interbusiness.it

DAL 1930

Archimede Gruden S.R.L.

SPEDIZIONI INTERNAZIONALI, AGENZIA MARITTIMA

CORRISPONDENTI NELLE PRINCIPALI CITTÀ ITALIANE ED ESTERE

30175 VENEZIA - MARGHERA - Via Ugo Bassi, 11 - Tel.: 041/935899 (3 linee r.a.)
Telex: 410128 Gruden I - Telefax: 935264
e-mail: archimedegruden@iol.it

INDIRIZZI UTILI / *USEFUL ADDRESSES*

Nome *Name*	CAP *Post Code*	Indirizzo *Address*	Città *Town*	Telefono *Phone*	Fax	Telex
Plaza ****	30170	Viale Stazione, 36	Mestre	929388	929385	410490 PLAZAV I
Ramada ****	30170	V. Orlanda, 4	Mestre	5310500	5312278	411484 RAMVEN
Sirio ****	30170	V. Circonvallazione, 109	Mestre	984022	984024	410626 SIRIO I
Ai Pini ***	30170	V. Miranese, 176	Mestre	917722	912390	
Air Motel 2 ***	30170	V. Ceccherini, 13	Mestre	981955	982988	
Alla Giustizia ***	30170	V. Miranese, 111	Mestre	913511	5441421	
Aurora ***	30170	P.tta Giordano Bruno, 15	Mestre	989188	989832	
Capitol ***	30170	V. Orlanda, 1	Mestre	5312447	5312678	
Club Hotel ***	30170	V. Villafranca, 1	Mestre	957722	983990	
Ducale ***	30170	V. Triestina, 5	Favaro Veneto	6314444	631393	420425 DUCALE I
Etoile ***	30170	V. Pepe, 18/20	Mestre	974422	974422	
Fly Hotel ***	30170	V. Triestina, 170	Favaro Veneto	5415022	5415286	
Garibaldi ***	30170	Viale Garibaldi, 24	Mestre	5349362	5347565	
Holiday ***	30170	V. Essicatoio, 38	Mestre	611088	5347136	411151 AQUILA
Kappa ***	30170	V. Trezzo, 8	Carpenedo	5343121	5347103	
Nuova Mestre ***	30170	V. Miranese, 17	Mestre	913803	913555	
Paris ***	30170	Viale Venezia, 11	Mestre	926037	926111	
President ***	30170	V. Forte Marghera, 99/A	Mestre	985655	985655	
San Giuliano ***	30170	V. Forte Marghera, 193/A	Mestre	5317044	5318204	
Tritone ***	30170	Viale Stazione, 16	Mestre	930955	930079	
Venezia ***	30170	V. Teatro Vecchio, 5	Mestre	985533	985490	
Venezia (dipendenza/*annex*) ***	30170	V. Teatro Vecchio, 5	Mestre	985533	985490	410693 HTLVEN I
Venezia *** (dipendenza Napoli/*Napoli annex*)	30170	V. Teatro Vecchio, 1	Mestre	985533		
Delfino ***	30170	Corso del Popolo, 211	Mestre	5496511	5310601	411486 DELFI I
Don Sturzo ***	30170	V. Don Sturzo, 49	Carpenedo	616922	616569	420285 STURZO I
Elite ***	30170	V. Forte Marghera, 119/A	Mestre	5330740	5330730	
Ariston **	30170	V. Bergamo, 12	Mestre	972293	972293	
Centrale **	30170	P.le Donatori di Sangue, 14	Mestre	985522	971045	411468 HCENTR
Da Tito **	30170	V. Cappuccina, 67	Mestre	5314581	5314581	
Delle Rose **	30170	V. Millosevich, 13	Mestre	5317711	5317433	

INDIRIZZI UTILI / USEFUL ADDRESSES

Nome Name	CAP Post Code	Indirizzo Address	Città Town	Telefono Phone	Fax	Telex
Fly Hotel (dipendenza/*annex*) **	30170	V. Triestina, 170	Favaro Veneto	5415022	5415286	
Guidi **	30170	V. Forte Marghera, 197	Mestre	5317499		
Marco Polo **	30170	V. Gobbi, 322	Favaro Veneto	900344		
Piave **	30170	V. Del Moschin, 10	Mestre	929477	929651	
Primavera **	30170	V. Orlanda, 5	Mestre	5310242	5310903	
San Carlo **	30170	V. Forte Marghera, 131	Mestre	970912	970218	
Trieste **	30170	V. Trento, 2	Mestre	929462	922221	
Vittoria **	30170	V. San Donà, 76	Mestre	616655	5348634	
Vivit **	30170	Piazza Ferretto, 73	Mestre	951385	958891	
Adria *	30170	V. Cappuccina, 34	Mestre	989755	989114	
Al Veronese *	30170	V. Cappuccina, 94/A	Mestre	926275		
Alla Torre *	30170	Calle del Sale, 52/54	Mestre	984646		
Alle Colonnette *	30170	V. Altinia, 72	Favaro Veneto	631555		
Col di Lana *	30170	V. Fagarè, 19	Mestre	926879		
Cortina *	30170	V. Piave, 153	Mestre	929206		
Cris *	30170	V. Montenero, 3	Mestre	926773	926773	926773
Da Giacomo *	30170	V. Altinia, 49	Mestre	631541		
Giovannina *	30170	V. Dante, 113	Mestre	926396	929917	
Holiday (dipendenza/*annex*) *	30170	V. Staulanza, 2	Favaro Veneto	611088	5347136	
Johnny's Motel *	30170	V. Orlanda, 233	Favaro Veneto	5415093	5416224	
La Triestina *	30170	V. Orlanda, 66	Mestre	900168		
Lucy *	30170	V. Santo Stefano, 1	Favaro Veneto	900748		
Mary *	30170	V. Orlanda, 152	Mestre	900219	903099	
Montepiana *	30170	V. Monte San Michele, 17	Mestre	926242	922855	
Montiron *	30170	V. Triestina, 246	Favaro Veneto	5416110		
Piave (dipendenza/*annex*) *	30170	V. Col Moschin, 10	Mestre	929477	929651	
Re Artù *	30170	V. Orlanda, 258	Favaro Veneto	5415341		
Roberta *	30170	V. Sernaglia, 21	Mestre	929255		
Trento *	30170	V. Fagarè, 2	Mestre	926090		
Vidale *	30170	V. Parini, 2	Mestre	5314586		

INDIRIZZI UTILI / USEFUL ADDRESSES

Nome Name	CAP Post Code	Indirizzo Address	Città Town	Telefono Phone	Fax	Telex
Autonoleggi *Car Hire*						
AVIS	30135	P.le Roma, 496/H	Venezia	5237377		
HERTZ Italia s.p.a.	30170	V. Dante, 42	Mestre	974088		410092 HERTZ I
International Rent a Car s.a.s.	30135	Santa Croce, 468	Venezia	5221159	5208396	420080 INTRAC I
Inter Rent	30135	P.le Roma, 540	Venezia	5238558		
Maggiore Autonoleggio	30170	Stazione FS Mestre	Mestre	935300		
	30030	Aeroporto M. Polo	Tessera	5415040		
Mattiazzo Autoservizi	30135	P.le Roma	Venezia	5205910	5204880	223445 CARMAT
Lavanderie *Laundries*						
Lavanderia Marittima Industriale AL.FA.	30175	V. Lazzarini, 3/A	Marghera	930927		
Lavanderia Marittima Veneziana	30030	V. Gobbi, 227	Campalto	900777		
Banche *Banks*						
Banca d'Italia	30124	San Marco, 4799/A	Venezia	5208644	5200791	
American Service Bank - sede di Venezia	30124	San Marco, 1336	Venezia	5233111		410258 AMSVBB I
Banca d'America e d'Italia - sede di Venezia	30170	Riviera XX Settembre, 15	Mestre	959000	5490829	410313 BAIVEN I
Banca Nazionale delle Comunicazioni - sede di Venezia-Mestre	30122	R. Terrà San Leonardo, 1353	Venezia	717931		410483 BNCME I
Banca del Friuli Filiale di Mestre	30170	V. Carducci, 57	Mestre	974233		420264 FRINE I
Banca Nazionale del Lavoro - sede di Venezia	30124	Bacino Orseolo, 1118/21	Venezia	667511	985519	410016 BNLVE I
Banca Popolare di Novara - sede di Venezia	30124	Calle del Forno, 4596	Venezia	5231640	5200216	410014 NOVECA I
Banca Popolare di Verona - sede di Venezia	30170	V. Verdi, 1	Mestre	975855	972022	410858 VRBABK I
Banco di Napoli - sede di Venezia	30124	Campo San Gallo, 1122	Venezia	5231700	5226253	410030 BNVE I
Banco di Roma - sede di Venezia	30170	V. Forte Marghera, 101	Mestre	662411	662467	410003 BRM VE I
Banco di Sicilia - sede di Venezia	30124	San Marco, 5051	Venezia	5219711	5204959	410028 SICIL I

CENTRO INTERMODALE ADRIATICO S.p.A.
Magazzini Generali

Il **Centro Intermodale Adriatico S.p.A.**, adiacente al Porto di Marghera, è un'Impresa Portuale privata, riconosciuta *Interporto di Venezia*.

Attività principali:
- Terminal containers e rinfuse

Caratteristiche:
- Area mq. 180.000
- Banchina mt. 500 (28'):
  a) n. 02 gru semoventi (containers, rinfuse, merci varie);
  b) n. 01 gru su binari (rinfuse).
- Magazzini / piazzali nazionali / doganali (consolidamento / deconsolidamento containers, stoccaggio rinfuse, merci convenzionali)
- Binario interno raccordato (Mestre-Venezia)
- Sezione Doganale
- Guardia di Finanza
- Informatizzazione AS-400
- Consolidamento Air-Cargo

CENTRO INTERMODALE ADRIATICO S.p.A.
Via dell'Elettricità, 21 - 30175 PORTO MARGHERA - VENEZIA - ITALY - Tel. 041/2591100 - Fax 041/2591255

- Soppralluoghi stradali, pianificazioni, progettazioni, stime;
- Noli mare e spedizioni, trasporto di carichi normali ed eccezionali;
- Assistenza tecnica per i trasporti eccezionali;
- Imballaggi, sollevamenti, depositi, supporto tecnico;
- Dogana, import/export, transiti, operazioni portuali imbarco/sbarco;
- Controlli, documentazioni, assistenza.

- Route and site surveys, studies of feasibility, planning and budgeting;
- Freight forwarding, general and exceptional cargo haulage;
- Heavy haulage engineering;
- Packing, lifting, storage, handling engineering;
- Customs, import/export, transit; port operations, load/disch;
- Documentation, control, assistance.

SEDE LEGALE OPERATIVA E DEPOSITI: 30175 MARGHERA (VENEZIA) - VIA DEI SALI, 6
TEL. 041/2582.111 - TLX 411117 - FAX 041/5381448 - 929458 - C.F. E P. IVA 02285250276

INDIRIZZI UTILI / USEFUL ADDRESSES

Nome Name	CAP Post Code	Indirizzo Address	Città Town	Telefono Phone	Fax	Telex
Banco S. Marco - sede di Venezia	30124	San Marco, 383	Venezia	5293711	5210676	410439 MARCVE
Cassa di Risparmio di Venezia - sede di Venezia	30124	Campo Manin, 4216	Venezia	5207644	5287755	410660 RIVEDG I
Commerciale Italiana - sede di Venezia	30124	V. XXII Marzo, 2188	Venezia	5296811	5235828	410051 BCI I
Credito Italiano - sede di Venezia	30124	Campo San Salvador	Venezia	957600	957600	410011 CRIT VE I
Istituto Bancario Italiano - sede di Venezia	30124	Bacino Orseolo, 1126	Venezia	5330411	987502	410065 IBIVE I
Monte dei Paschi di Siena - sede di Venezia	30135	Santa Croce, 714	Venezia	5209520		420351 PASVEZ I
Nuovo Banco Ambrosiano - sede di Venezia	30124	V. XXII Marzo, 2378	Venezia	668111	5204285	420114 NBAVE I

Taxi
Taxis

Nome Name	CAP Post Code	Indirizzo Address	Città Town	Telefono Phone	Fax	Telex
Cooperativa Artigiana Radiotaxi s.r.l.	30170	V. Piave, 208	Mestre	936222		
Crestani Germano s.a.s.	30170	V. Perosi, 12	Mestre	981411		
N.G.S Nuova Giesse s.a.s.	30135	Santa Croce, 522	Venezia	5227251	5222924	
Pattarello Egidio	30175	V. Zambeccari, 11	Marghera	926683		
Taxi autopubbliche	30135	Piazzale Roma	Venezia	5237774		
	30170	Piazzale Stazione	Mestre	929499		
	30126	P.le Santa Maria Elisabetta	Lido	765974		
	30126	Piazzale Casinò	Lido	5261064		
	30170	V. Poerio	Mestre	5057942		
Cooperativa S. Marco Motoscafi in servizio pubblico s.r.l.	30124	San Marco, 978	Venezia	5235775		328607 SAMARCO
	30124	San Marco Molo	Venezia	5229750		
	30124	Rialto-Venezia	Venezia	5230575		
	30030	Aeroporto M. Polo	Tessera	5415084		
		Servizio Cont. Prenotazioni		5222303		
Cooperativa Serenissima Taxi	30122	Castello, 5884	Venezia	5221265		411169 SEREVE I
	30122	San Zaccaria	Venezia	5228538		
	30135	Tronchetto	Venezia	5237836		
Cooperativa Veneziana Motoscafi Taxi	30121	Cannaregio, 85	Venezia	716124		

INDIRIZZI UTILI / *USEFUL ADDRESSES*

Nome *Name*	CAP *Post Code*	Indirizzo *Address*	Città *Town*	Telefono *Phone*	Fax	Telex
	30135	Piazzale Roma	Venezia	716922		
	30121	Ferrovia	Venezia	716286		
Narduzzi & Solemar s.r.l.	30124	San Marco, 2828/B	Venezia	5200838	5287701	

Traduttori
Translators

Benedict School	30124	San Marco, 1688	Venezia	5224034		
Comunicare di J.G.D'Hoste & F. Palmiri	30122	Castello, 3750	Venezia	5221071		
CO.VE.TR.IN. s.r.l	30125	San Polo, 2934	Venezia	5228448	5200431	
Du Chaliot Mariangela	30135	Santa Croce, 1232/B	Venezia	5241229		
Grandin Alberto	30123	Dorsoduro, 2394/D	Venezia	5228330		
NIC Nihon International Center	30122	Sant'Elena-Calle Montello,	Venezia	5226755		
Poligrafo s.n.c.	30135	Santa Croce, 1356	Venezia	5240692		
Ruffini Sergio	30122	Castello, 3640	Venezia	5289879	5289879	
Spina Glioner Elena	30123	Dorsoduro, 605	Venezia	5226495		
T.E.R Centro traduzioni	30122	Castello, 3640	Venezia	5289879	5289879	
The British Center	30124	San Marco, 4267/A	Venezia	5286612		
Toffanin Fabio	30174	V. Ferro, 13	Mestre	984305		
T.P. Studio s.a.s.	30125	San Polo, 3080/P	Venezia	715444		
Tradutec ATD s.r.l.	30175	V. Pinton, 4	Marghera	935644	5380744	430167 TADUPD I
Warburton Giliberti Barbara	30125	San Marco, 4064	Venezia	5239284		

Vigilanza privata
Security Guards

C.I.V.I.S. s.p.a	30170	V. Ca' Marcello, 67	Mestre	937111	937258	
Cooperativa Vigilanza Privata Serenissima (Soc. Coop. r. l.)	30170	V. Ronchi dei Legionari, 23	Mestre	917724		
Cooperativa Vigilanza Privata s.r.l.	30175	V. Portenari, 15	Marghera	932288	5380906	
Istituto di Vigilanza Privata Castellano	30124	San Marco, 5291	Venezia	5204070		
Istituto di Vigilanza La Vigile S. Marco	30122	Cannaregio, 5834	Venezia	5204450	940037	420212 VISAMA I
S. Marco Trasporto Merci Valori s.r.l.	30170	V. Lazzari, 8	Mestre	983088	940037	420212 VISAMA I

ASSOCIAZIONI IMPRENDITORIALI E SINDACALI / *BUSINESS AND TRADE ASSOCIATIONS*

Nome *Name*	CAP *Post Code*	Indirizzo *Address*	Città *Town*	Telefono *Phone*	Fax	Telex
Associazioni di imprenditori ***Business Associations***						
Associazione amici del porto di Venezia *Friends of Venice Port Association*	30175	V. dell'Elettricità, 21	Marghera	923980	931665	410131
Associazione commercianti ed esercenti della Provincia *Traders Association*	30124	San Marco, 4785	Venezia	5227784	5204981	
Associazione fra le case di spedizione, spedizionieri e agenti marittimi della Provincia di Venezia *Shipping Agents, Forwarding Agents, Maritime Agents Associations*	30135	Santa Croce, 887	Venezia	718800	718848	
Associazione degli industriali della Provincia di Venezia *Industrialist Association*	30175	V. Brunacci, 28	Marghera	5499111	935423	410356 ASSIVE I
Associazione degli industriali della Provincia di Venezia - sede di Venezia *Industrialist Association - Venice office*	30123	Dorsoduro, 1056	Venezia	5236173		
Associazione veneziana albergatori *Hoteliers Association*	30124	San Marco, 2475	Venezia	5228004	5234941	
Associazione spedizionieri doganali *Customs Forwarding Agents Association*	30170	V. Mestrina, 27	Mestre	961276		
Ente della zona industriale di porto Marghera *Marghera Port Industrial Zone Agency*	30175	V. della Pila, 19	Marghera	937572		
Federazione autotrasportatori italiani *Hauliers Federation*	30172	Corso del Popolo, 32	Mestre	5057257		
Federazione regionale degli industriali del Veneto Confindustria Veneta *Regional Industrialist Federation*	30124	San Marco, 2906	Venezia	2711222	2711333	
FITA	30175	V. Durando, 2	Marghera	935844		
Unione navigazione interna italiana *Inland Navigation Association*	30124	San Marco, 3912	Venezia	5220762	5236357	

a **VENEZIA** dal 1945

Spedizioni Internazionali
Groupage Siria e Libano
imbarchi Containers, merci varie,
rotabili ed impiantistica
Prosecuzioni per tutte le località
interne del medio Oriente e Golfo Arabo
via porti siriani e libanesi
con proprio personale in loco

30173 **MESTRE** (VE) - C.so del Popolo, 99
Tel. (041) 959188 r.a. - Fax (041) 953606
Telex 420298 IBARB.

I. BARBON

CASA DI SPEDIZIONI - BROKERAGGIO
AGENZIA MARITTIMA
FORWARDING AGENTS - BROKERAGE
SHIPPING AGENTS

L. & F. LONGOBARDI
ASSICURAZIONI s.r.l.

Società di Brokeraggio per le assicurazioni di tutti i rischi con specializzazione nel ramo marittimo

SEDE: 30124 Venezia
Bacino Orseolo, 1757
Tel. 041/5220600
Fax 041/5287778
Telex 410149 ASLONG I

Uffici di rappresentanza
Gruppo Assiteca: Milano
Manzitti H. B.: Genova

Nome Name	CAP Post Code	Indirizzo Address	Città Town	Telefono Phone	Fax	Telex
Unione utenti del porto di Venezia *Port Users Association*	30175	V. della Pila, 19	Marghera	932206		

Sindacati di lavoratori
Trade Unions

CISAL	30172	V. Aleardi, 40/a	Mestre	984318		
CISAL SNALP Fodernial	30171	V. Piraghetto, 49	Mestre	922094	929553	
CGIL Regionale Veneto	30174	V. Peschiera, 5	Mestre	5497811		
CGIL FILT (trasporti)	30174	V. Peschiera, 5	Mestre	5497888		
CGIL Camera del lavoro di Venezia	30172	V. Ca' Marcello, 10	Mestre	5491300	5315263	
CGIL Camera del lavoro di Venezia FILT (trasporti)	30172	V. Ca' Marcello, 10	Mestre	5491301		
CGIL CdLT Venezia	30123	Dorsoduro, 3499	Venezia	5205428		
CISL Veneto	30171	V. Piave, 7	Mestre	5330811	982596	
CISL unione sindacale territoriale di Venezia	30172	V. Ca' Marcello, 10	Mestre	2905811	5315545	
CISL Venezia	30123	Dorsoduro, 3561/b		5229352	5229352	
CISL Venezia FIT Marittimi	30123	Dorsoduro, 1512/a	Venezia	5229790	5229790	
CISNAL	30172	V. Altobello, 10	Mestre	940965		
UIL Regionale Veneto - Venezia	30172	V. P. Bembo, 2	Mestre	29058311		
UIL Regionale Veneto - Venezia	30172	V. P. Bembo, 2	Mestre	29058311		
UIL Trasporti regionale	30123	Dorsoduro, 3499	Venezia	5206950		
UIL Centro storico	30123	Dorsoduro, 3499	Venezia	5206619		

CHIESE E LUOGHI DI CULTO / *CHURCHES AND RELIGIOUS PLACES*

Nome Name	CAP Post Code	Indirizzo Address	Città Town	Telefono Phone	Fax	Telex

Chiese cattoliche
Catholic Churches

Basilica di S. Marco	30124	Piazza San Marco	Venezia	5225697		
Carmini	30123	Dorsoduro, 2612	Venezia	5226553		

INDIRIZZI UTILI / USEFUL ADDRESSES

Nome *Name*	CAP *Post Code*	Indirizzo *Address*	Città *Town*	Telefono *Phone*	Fax	Telex
Gesù Lavoratore	30175	V. Don Orione	Marghera	920025		
Gesuati	30123	Dorsoduro	Venezia	5230625		
Gesuiti	30122	Cannaregio	Venezia	5286579		
Madonna dell'Orto	30122	Cannaregio, 3511	Venezia	719933		
Mariport	30175	Porto Commerciale	Marghera	983981		
S. Carlo (Cappuccini)	30170	V. Cappuccina	Mestre	951725		
S. Giorgio	30122	San Giorgio Maggiore	Venezia	5289900		
S. Lorenzo Martire	30170	Piazza Ferretto, 113	Mestre	950666		
S. Marcuola	30122	Cannaregio, 1762	Venezia	713872		
S. Maria del Giglio	30100	Santa Maria del Giglio	Venezia	5225739		
S. Maria della Salute	30123	Dorsoduro	Venezia	5225558		
S. Maria Formosa	30122	Castello	Venezia	5234645		
S. Maria Gloriosa dei Frari	30125	San Polo, 3072	Venezia	5222637		
S. Moisè	30124	San Marco	Venezia	5285840		
S. Polo	30125	San Polo	Venezia	5237631		
S.S. Apostoli	30122	Cannaregio	Venezia	5238297		
S.S. Geremia e Lucia	30122	Cannaregio	Venezia	716181		
S.S. Redentore	30100	Giudecca, 195	Venezia	5231415		
Scalzi	30135	Stazione FS	Venezia	715115		
Stella Maris	30135	Marittima - Mag. 102	Venezia	983981		

Chiese di altri culti
Other Denominations

Nome *Name*	CAP *Post Code*	Indirizzo *Address*	Città *Town*	Telefono *Phone*	Fax	Telex
Chiesa Anglicana St. George's *Anglican*	30123	Dorsoduro, 870	Venezia	5200571		
Chiesa Cristiana Evangelica Battista *Baptist*	30175	V. Canetti, 27	Marghera	920704		
Chiesa dei Greci Ortodossi *Greek Orthodox*	30122	Castello, 3419	Venezia	5225446		
Chiesa Cristiana Evangelica *Evangelical*	30170	V. Querini, 1/E	Mestre	5341886		
Chiesa Evangelica Luterana *Lutheran*	30121	Cannaregio, 4443	Venezia	5242040		

INDIRIZZI UTILI / *USEFUL ADDRESSES*

Nome *Name*	CAP *Post Code*	Indirizzo *Address*	Città *Town*	Telefono *Phone*	Fax	Telex
Chiesa Evangelica Valdese e Metodista *Methodist*	30122	Castello, 5170	Venezia	5227549		
Comunità Israelitica *Jewish Community*	30122	Cannaregio, 1188/A	Venezia	715012		
	30122	Cannaregio, 2874	Venezia	716002		
	30126	Lido	Lido	5260142		
La Chiesa di Gesù Cristo dei Santi degli Ultimi Giorni (Mormone) *Mormon*	30170	V. Castellana, 124/C	Mestre	908181		
Testimoni di Geova *Jehovah's Witnesses*	30122	Cannaregio, 3143	Venezia	715082		

CONSOLATI / *CONSULATES*

Nome *Name*	CAP *Post Code*	Indirizzo *Address*	Città *Town*	Telefono *Phone*	Fax	Telex
Argentina	30123	Zattere, 1383	Venezia	5227503		
Austria	30135	Santa Croce, 252	Venezia	5224124		
Belgio	30124	San Marco, 1470	Venezia	5224124		
Brasile	30124	San Marco, 4580/A	Venezia	5204131	5203721	
Cile	30124	San Marco, 3226/B	Venezia	5202442		
Danimarca	30124	San Marco, 4020	Venezia	5200822	796520	
Finlandia	30126	V. Doge Michiel, 1/D	Lido	5261550		
Francia	30123	Dorsoduro, 1397	Venezia	5224319		
Germania	30131	Cannaregio, 4201	Venezia	5237675		
Gran Bretagna	30123	Dorsoduro, 1051	Venezia	5227207		
Grecia	30124	Rialto, 720	Venezia	5237260		
Guatemala	30123	Dorsoduro, 195	Venezia	767378		
Liberia	30126	V. Istria, 3	Lido	2760130		
Lituania	30124	San Marco, 278	Venezia	5229214		
Lussemburgo	30122	Castello, 5312	Venezia	5222047		
Malta	30135	Santa Croce, 515	Venezia	5222644		
Messico	30124	San Marco, 286	Venezia	5237445	5200137	

FROM VENICE IN THE WORLD
Leader for catering and services to those who travel the world

Piazzale Roma, 499 - 30135 Venice - Ph. 041.2705611 - Fax 041.2705661 - Telex 410068
e-mail: ligabue@www.portve.interbusiness.it

AGENZIA GENERALE DI VENEZIA CENTRO

Rappresentante Procuratore: Aldo Barbieri
Bacino Orseolo, 1218 • 30124 Venezia
Tel. 5227723 • Fax 5235994

GENERALI. SICUREZZA, SEMPRE E OVUNQUE.

La sicurezza è il nostro grande prodotto. Per noi dare sicurezza significa mettere preventivamente al riparo da qualsiasi tipo di rischio: piccolo o grande, individuale o collettivo, immediato o lontano nel tempo.

Ma non solo nel **tempo**: anche nello **spazio** le Generali continuano ad esserti vicine. Operiamo infatti in tutto il mondo, per la precisione in oltre 40 Paesi dei 5 continenti, per portare la nostra sicurezza, come dicevamo, sempre e ovunque.

Internet: http://www.generali.it

INDIRIZZI UTILI / USEFUL ADDRESSES

Nome *Name*	CAP *Post Code*	Indirizzo *Address*	Città *Town*	Telefono *Phone*	Fax	Telex
Norvegia	30135	Santa Croce, 466/B	Venezia	5231345		
Paesi Bassi	30124	San Marco, 423	Venezia	5225544	5205040	
Panama	30126	G. V.le Santa M. Elisabetta, 8/A	Lido	5269374		
Perù	30126	G. V.le Santa Maria Elisabetta	Lido	5264141		
Portogallo	30124	San Marco, 1253	Venezia	5223446	5225880	
Principato di Monaco	30122	Castello, 4967	Venezia	5228239		
Repubblica Ceca	30124	San Marco, 1583/A	Venezia	5210383		
Repubblica Slovacca	30170	P.zza Ferretto, 84	Mestre	953833		
S. Marino	30124	San Marco, 5017/A	Venezia	5229585		
Spagna	30124	San Marco, 2442/A	Venezia	5204510		
Sudafrica	30135	Santa Croce, 466/G	Venezia	5241599		
Svezia	30135	Piazzale Roma, 499	Venezia	2705611	791661	
Svizzera	30123	Dorsoduro, 810	Venezia	5203944		
Turchia	30124	San Marco, 2414	Venezia	5230707		
Ungheria	30124	San Marco, 286	Venezia	5239408		

Stampato da
La Grafica & Stampa editrice s.r.l., Vicenza
per conto di Marsilio Editori® in Venezia

EDIZIONE

10 9 8 7 6 5 4 3 2 1

ANNO

1997 1998 1999 2000 2001

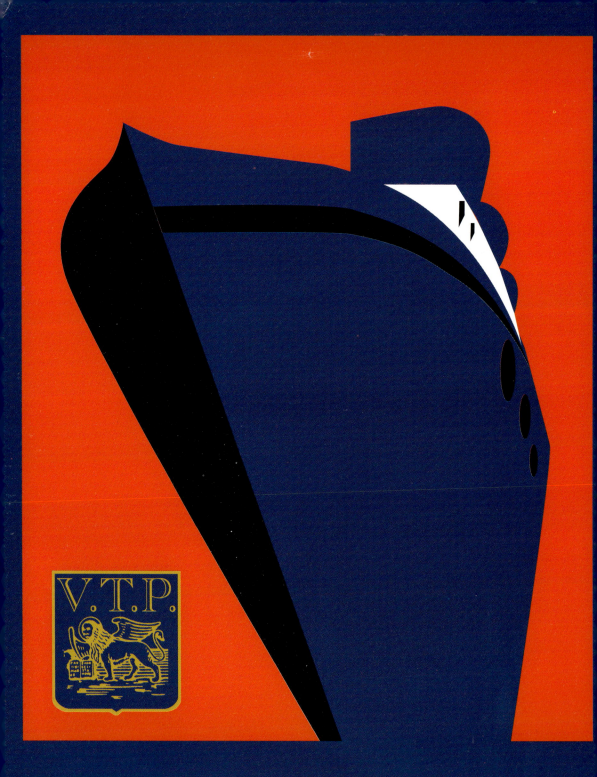

VENEZIA TERMINAL PASSEGGERI

Venezia Terminal Passeggeri S.p.A. - Sede Legale: Marittima Fabbricato 248 - 30135 Venezia
Tel.: 39-(0)41-5334860 r.a. - Fax 39-(0)41-5334870 e-mail: vtp.@.portve.interbusiness.it